KB260148

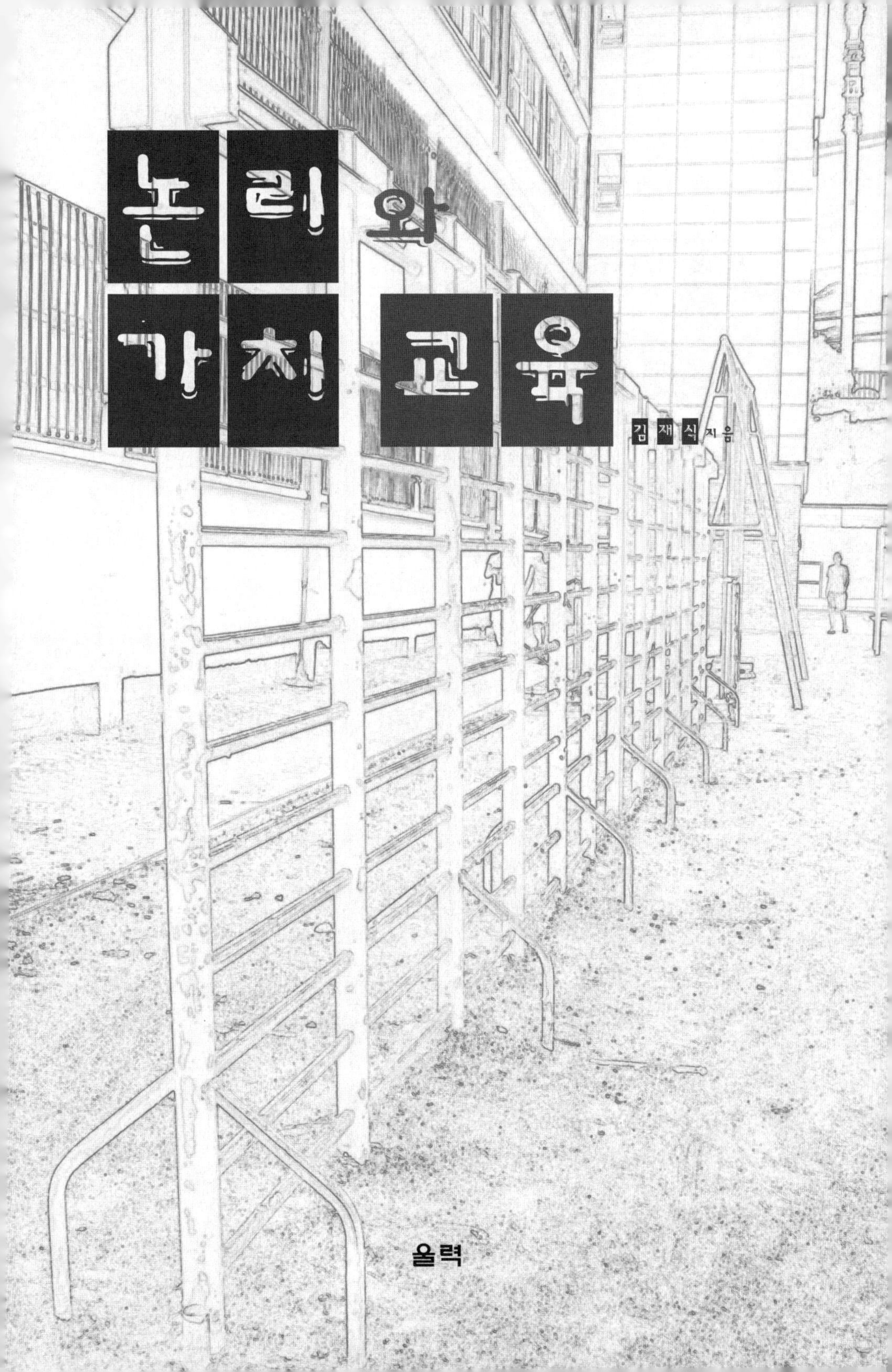

논리와
가치교육
김재식 지음
울력

울력에서 펴낸 지은이의 책
『초등 도덕과 교육의 이해』(2006)

논리와 가치 교육

지은이 | 김재식

펴낸이 | 강동호

펴낸곳 | 도서출판 울력

1판 1쇄 | 2007년 7월 30일

등록번호 | 제10-1949호(2000. 4. 10)

주소 | 152-889 서울시 구로구 오류1동 11-30

전화 | (02) 2614-4054

FAX | (02) 2614-4055

E-mail | ulyuck@hanafos.com

값 | 13,000원

ISBN | 978-89-89485-54-4 93370

서 문

　현대 사회는 여러 가치가 공존하는 다가치 사회이다. 여러 가치들이 다양하게 공존하는 이러한 사회에서는 어떤 가치를 절대적 가치라고 주장하기 어렵다. 따라서 오늘날 어떤 가치를 절대적 가치인 양 가르치는 것은 사실상 불가능하게 되었다. 이러한 가치 상대주의적 관점은 기존 규범 윤리학에 대한 회의 현상과 맞물리면서 가치 혼돈의 상황을 더욱 부추기고 있다. 사실, 그동안 인간 행위에 대한 어떤 보편적 준거를 제시해 주고 있다고 믿어 왔던 기존 규범 윤리의 절대적 권위는 상대주의적 관점에 압도당하여 그 힘을 잃어가고 있고, 이로 인한 전통적 혹은 인습적 가치들의 심각한 균열과 약화 현상은 우리를 가치 혼란의 늪에서 허덕이도록 하였다.

　그러나 가치 상대주의적 관점이 오늘날 우리 사회의 거역할 수 없는 대세이기는 하나, 그렇다고 아무렇게나 어떤 표준도 없이 기분이나 감정에 따라 삶을 영위할 수는 없다. 어쩔 수 없이 우리는 남과 더불어 살아가야 하며, 가치 선택적 상황에서 나름대로 바람직한 가치를 선택하며 살아가야 한다. 여기에 삶의 지혜로서 가치 교육이 요구된다. 하지만 가치를 평가하는 어떤 절대적 준거가 주어져 있지 않은 상황에서 바람직한 가치를 선택한다는 것은 결코 쉬운 일이 아니다. 그렇다면 어떻게 바람직한 가치를 선택할 것인가? 이 책은 이러한 문제의식에 기초하여 합리적으로 가치를 결정하는 데 도움을 주고자 하는 의도에서 집필되었다.

다원화되고 다가치화된 사회에서 가치 교육의 핵심적 문제는 '가치가 서로 긴장하고 갈등하며 충돌하는 상황, 즉 가치 선택적 상황에 직면해서 어떤 가치를 합리적으로 선택할 것인지'를 결정하는 것이다. 이러한 가치 선택적 상황에서 가치를 합리적으로 결정하기 위해서는 가치가 결정되는 과정이 중시될 수밖에 없다. 왜냐하면 가치 선택적 상황을 해결하는 가치 선택의 주체는 바로 자신이며, 가치문제의 해결 과정이 합리적이어야 하기 때문이다. 그리고 가치가 결정되는 과정이 합리적이기 위해서는 가치를 결정하는 과정, 즉 가치를 추론하는 과정이 논리적인 관련성을 유지해야 한다. 이러한 가치 추론 과정의 논리적 관련성은 구체적으로 가치 판단에 대한 정당한 근거나 이유를 마련하는 것이다. 그러므로 합리적인 가치 결정을 위해 평가자에게 평가적 추론 능력이 요구된다.

가치 판단은 사실 판단과 다르다. 사실 판단은 ~이다, ~아니다와 같은 서술적 명제의 형태로 진술되지만, 가치 판단은 어떤 사물이나 현상의 가치에 관하여 평가하는 것으로서 ~을 해야 한다, 혹은 ~이 좋다 등과 같은 도덕적 명제의 형태로 진술된다. 그리고 사실 판단의 진위를 밝히는 일은 논리적 추론 과정과 관련되지만, 가치 판단의 정당성을 규명하는 일은 평가적 추론 과정과 관련된다. 따라서 가치 판단을 다루는 평가적 추론은 서술적 명제를 다루는 논리적 추론과는 다른 특성을 갖는다. 이러한 맥락에서 먼저, 논리학적 고찰을 통해 서술적 명제의 '논리적 추론'을 이해하고 다음으로, 윤리학적 고찰을 통해 가치 판단의 논리, 즉 '평가적 추론'을 파악하고자 한다.

제I부에서는 일반 논리의 추론 과정을 고찰하였다. 논리학은 사고 자체를 대상으로 하는 학문으로서 사고를 지배하는 일정한 형식과 법칙을 다룬다. 다시 말해, 어떤 근거로부터 일정한 결론을 이끌어 내는 추론을 다룬다. 그런데 사고는 개념으로부터 출발하여, 개념을 연결시켜 판단을 형성하고, 기존의 판단을 바탕으로 새로운 판단을 이끌어 내는 추론을 한다. 따라서 여기에서는 전통 논리학적 관점에서 개념론, 판단론, 추론의 세 부분으로 나누어 고찰하고, 추론의 형식 논리를 탐구하고자 하였다.

제II부에서는 윤리학적 이론을 토대로 평가적 추론 과정을 고찰하였다. 가치 판단의 논리는 판단과 이유나 근거 사이의 논리적 연관성을 살피는 평가적 추론과 관련된다. 합리적 가치 판단은 주관적이고 감정적인 판단이 아닌 객관적이고 보편적인 이유나 근거에 기초한 판단으로서 평가적 추론 과정이 합리적이어야 한다. 전술했듯이, 가치 판단은 '무엇이 좋다 혹은 무엇이 나쁘다'와 같이 도덕적 명제의 형태를 취한다. 여기에서 가치 술어 '좋다/나쁘다'와 주어 '무엇'과의 관계 분석은 평가적 추론의 과정을 함축한다. 이것은 '가치 판단이 사실 판단으로부터 연역될 수 있는가' 하는 문제로 압축될 수 있다.

마지막으로, 제III부에서는 평가적 추론의 형식에 맞는 가치 교육의 모형으로서 가치 분석 모형을 살펴보았다. I부와 II부에서는 논리학적 고찰과 윤리학적 고찰을 통해 가치 판단이 평가 대상에 대한 사실 정보와 가치 원리의 개입을 통한 평가적 추론 과정과 관련됨을 이해하였다. 따라서 합리적인 가치 판단은 이러한 평가적 추론 과정이 합리적으로 진행될 때 가능하다. 이를 위해 평가적 추론 형식에 부합하는 메카프L. E. Metcalf 등이 제시한 가치 분석 전략과 실제 적용을 살펴보았다.

오늘날 우리 사회는 세계화, 국제화, 개방화를 표방한다. 이러한 사회에서는 소규모 공동체로서의 국지적 가치가 존재하기보다는 다양한 가치가 공존하는 거대 공동체로 존속할 수밖에 없다. 다양한 가치가 공존하는 이러한 거대 공동체에서의 가치 교육은 학습자들로 하여금 합리적인 가치를 스스로 탐구하고 결정하도록 하는 자율적인 가치 판단 능력을 길러 주는 것이 중요하다. 이러한 시각에서, 이 책은 학습자가 가치 판단의 논리, 즉 평가적 추론을 이해하고, 그 평가적 추론의 논리에 따라 가치를 결정하도록 함으로써 매 순간 직면하는 가치 선택적 상황에서 합리적이고 바람직한 가치를 도출해 내도록 하는 데 관심을 두고자 하였다.

이 책의 많은 부분에서 필자의 학문적 미숙함이 엿보이지만, 합리적인 가치 판단 능력 함양을 위한 가치 교육을 위해 미력하나마 도움이 되길 바란다. 앞으로 더욱 정진하여 부족한 부분들은 수정 보완해 나가고 싶다. 끝으로, 어려운 여건 속에서도 책으로 출간해 주신 울력 출판사 강동호 사장님과 직원들께 감사를 드린다.

2007. 6

김 재 식

차 례

2. 평가적 추론의 이해 · 53

I. 가치 판단 능력의 필요성과
가치 판단의 정당화

다양한 가치가 공존하는 세계화 시대의 인간에게는 합리적인 가치 판단 능력이 요구된다. 오늘날 전통 가치의 약화와 절대적이고 보편적인 가치에 대한 회의와 함께 가치가 갈등하고 긴장하는 상황에서 합리적으로 가치를 선택할 수 있는 능력은 시대적 요청이다. 가치 판단 능력은 자율적 인간이 갖추어야 할 필수 조건이며, 이것은 자신이 결정한 가치 판단에 대한 정당성을 확보할 수 있을 때 가능하다.

I. 가치 판단 능력의 필요성

과거의 가치 교육은 대부분 기존의 가치를 전수하는 것이었다. 즉, 어른이나 교사는 사회의 지배적 가치 체계를 아동이나 학생들에게 전달하고, 이를 습득하도록 하여 생활에서 실천하도록 하는 것이었다. 따라서 가치 교육은 학생들로 하여금 기존의 사회적 준거에 순응하도록 하는 정서적 동기와 실천에 관심을 두었고, 가치가 결정되는 과정보다는 가치 획득 결과에 초점을 맞추었다. 기존의 가치 전수에 관심을 두었으므로, 기존의 가치가 '바람직한가 혹은 합리적인가'에 대해서는 별로 중요하게 생각하지 않았으며, 학생들에게 '기존의 가치를 어떻게 수용하도록 할 것인가'에 관심을 두었다.

이러한 타율적 가치 교육은 자율적 존재를 위한 준비 단계로서 순기능적 측면이 있지만, 자율적 행위자를 위한 가치 교육은 이러한 타율적 교육 방식을 극복하고 자율적 가치 교육 방식을 지향해야 한다. 타율적 방식의 고착화는 자율적 가치 판단을 방해한다. 타율적 가치 교육은 가치 판단에 대한 합리적 이유나 정당한 근거에 대한 이해 없이 일방적으로 가치를 주입하기 때문에 학생들로 하여금 사물이나 가치 현상에 대한 폭넓은 안목을 갖지 못하는 맹목적인 가치 신념의 소유자로 전락시킬 우려가 있다. 이러한 맹목적 가치 신념의 소유자는 가치 선택적 상황에서 자율적으로 가치를 결정하기 어렵다.

현대는 그 어느 때보다도 자율적 가치 판단 능력을 요구한다. 왜냐하면 현대 사회는 미래를 거의 예측할 수 없을 정도로 빠르게 변화하고 있으며, 하나의 가치만이 지배하는 단순한 사회가 아니기 때문이다. 다양한 가치가 공존하는 다가치 사회에서 우리는 매 순간 선택적 상황에 직면하게 된다. 세계화, 국제화, 개방화를 표방하는 오늘의 사회는 소규모 공동체로서의 국지적 가치보다는 다양한 가치가 공존하는 거대 지구 공동체로 존속할 수밖에 없다. 이러한 거대 공동체 속에서는 어떤 절대적 가치, 즉 누구나 쉽게 수용하고 받아들일 수 있는 가치가 미리 주어져 있다고 가정하기도 어렵다.

또한 사회의 급속한 변화는 새로운 가치문제를 계속해서 양산하고 있어, 타율적인 교육 방식으로는 복잡하게 전개되는 가치문제에 효율적으로 대처하기 어렵다. 다원화된 사회에서의 가치문제는 단순히 기존 가치의 적용을 통해 해결할 수 있는 성질의 것이라기보다는 복잡한 상황에서 여러 가치가 갈등하고, 가치와 가치가 상호 긴장하는 그러한 것이다. 따라서 타율적인 방식의 가치 교육은 현대의 다가치 사회에서 나타나는 가치문제에 대해 일일이 답해 줄 수 없는 한계를 가지고 있다.

더욱이, 기존의 전통적 가치의 약화 내지는 그에 대한 불신으로 인한 가치 혼란 상황은 다양하고 복잡하게 전개되는 가치문제에 대해 무기력할 수밖에 없다. 그동안 절대적이고 보편적인 가치

로만 알고 무비판적으로 받아들였던 기존 가치에 대한 신뢰가 붕괴되면서 등장한 가치 상대주의적 관점은 가치의 주입을 거부하는 강한 요인으로 작용하게 되었다. 이제, 절대적 가치가 아닌 것을 절대적 가치인 양 가르치는 것을 용납할 수 없는 시대에 직면하게 된 것이다. 기존 가치의 순응과 복종을 중시하는 가치 교육으로는 복잡하게 전개되는 가치문제에 적극적으로 대처할 수 없게 되었으며, 이것은 타율적 가치 교육을 넘어 또 다른 가치 교육, 즉 합리적 가치 판단을 위한 교육을 요구하게 되었다.

가치 선택 상황에서의 가치 교육은 가치의 일방적 수용보다는 개인이 자율적이고 합리적으로 가치를 판단하고 결정하는 자기 결정 과정을 중요시한다. 다원화되고 다가치화된 현대 사회에서의 가치문제는 과거처럼 단순한 전통적 가치나 덕목의 이해 부족에서 비롯되기보다는 복잡하고 다양하게 전개되는 가치 선택 혹은 가치 갈등 상황이 문제가 된다. 그리고 가치 교육은 이러한 가치문제를 해결하기 위해, 학생들로 하여금 가치 판단 능력을 함양하도록 하여 가치문제의 상황을 합리적으로 해결하도록 하는 데 관심을 갖는다. 따라서 여기에서는 특정한 가치를 주입하거나 설명하는 타율적인 방식을 지양하고, 대신에 가치를 스스로 결정하도록 유도하고 가치가 결정되는 과정이나 절차를 중시한다.

이러한 가치 교육은 학습자를 가치 판단의 주체로 간주하고, 개인의 존엄성을 높여 주며, 자아실현에 기여한다는 측면에서는 교육 목적과도 일치하는 것이다. 즉, 학생들의 자율적 토론이나 가치화 과정을 통해 가치가 문제되는 상황에서 보다 합리적인 이유나 근거를 스스로 찾아내도록 독려하고 안내함으로써 교육의 목적인 자율성 함양을 촉진한다. 그리고 여기에서는 보편적이고 절대적인 가치를 전제하기보다는 사회 구성원의 합리적 토론을 기반으로 합의를 통해 가치문제를 해결하도록 하며, 이러한 방식은 인간의 이성을 통한 합리성이라는 여과 장치에 의존하는 것이다. 따라서 가치 교육의 핵심은 가치문제를 분석하고 토론하며 결정하도록 하는 과정, 즉 갈등하는 권리나 요구, 관심을 해결하는 특별한 사고 과정의 발달에 관심을 집중하는 것이다. 이로써 다원화된 사회에서 제기되는 다양한 형태의 가치문제를 해결할 수 있는 능력을 겸비하게 되는 것이다.

이러한 가치 교육은 학생들로 하여금 평가적 추론 과정, 즉 논증에 기초하여 가치문제를 정당화하고 해결하는 연습을 통해 합리적 가치 판단 능력을 함양하고, 오늘날처럼 다가치·다원화된 사회에서 나타나는 복잡한 가치문제에 자율적이며 적극적으로 대처할 수 있도록 하는 교육이다.

2. 가치 판단의 정당화

우리는 삶을 살아가면서 매순간 가치 선택 상황에 직면해 가치를 판단하고 선택한다. 예를 들어, '철수는 좋은 사람이다'와 같이 어떤 사람이나 사물 혹은 제도에 대해 좋다거나 나쁘다는 판단을 하고, '우리는 정직하게 행동해야 한다'와 같이 어떤 행동이나 사건에 대해 금지하거나 꼭 행해야 한다는 판단을 한다. 이처럼 우리는 어떤 사람, 사물, 사건, 행동 등 거의 모든 것에 대해 순간순간 판단하고 선택한다. 이와 같이 어떤 것의 가치에 대해 평가하는 것을 가치 판단이라 한다. 그리고 이러한 가치 판단에서 판단의 대상을 평가 대상이라 부르고, '좋은' 혹은 '바람직하다'거나 '해야 한다' 같은 말을 평가 용어라고 한다.[1]

우리가 이러한 가치를 판단함에 있어, 자신의 감정이나 기분 또는 관습적 행위나 선호에 따라 평가 대상의 가치를 판단할 수도 있고, 평가 대상에 대해 심사숙고하여 가치를 결정할 수도 있다. 가령, 어떤 사람이 자신의 옷을 선택할 때에는 그 사람의 개인적 기호나 선호도 혹은 개인적 감정이나 기분에 따라 선택할 수 있다.

그러나 중대한 개인적 혹은 사회적 이해관계가 얽혀 있는 사안에 대해 일시적 기분이나 감정에 치우쳐 가치 판단이 이루어진다면 중대한 문제를 야기할 수 있다. 다시 말해, 개인적으로나 사회적으로 문제가 되는 여러 쟁점들에 대해 합리적이지 못한 판단을 하였을 때 개인이나 사회에 미치는 정신적 혹은 물질적 고통이나 피해는 심각할 수 있다. 예를 들어, 개인적 문제와 관련하여, 우리는 '어떤 대학에 진학할 것인가' 하는 선택 상황에 직면할 수 있다. 이때 대학의 결정을 단순히 개인적 감정이나 기분에 의존하여 선택한다면 나중에 많은 부작용이 나타날 수 있다. 또한 사회적 문제와 관련하여, '안락사를 법적으로 인정할 것인가' 하는 선택 문제에 직면하게 될 때 어떤 결정을 하느냐에 따라 많은 사회적 문제를 야기할 수 있다. 따라서 여기에 요구되는 가치 판단의 조건은 **합리적**이어야 한다는 것이다.

'합리적'이라는 말의 사전적 의미는 "도리에 맞아 있어 정당한" 혹은 "논리에 의하여 필연성에 들어맞아 있는 것"[2]이다. 이러한 의미에서 합리적 가치 판단은 어떤 것의 가치에 관해 이치에 맞게 논리적으로 평가하는 것을 의미한다. 따라서 합리적 가치 판단은 어떤 평가 대상에 대해 감정이나 기분 혹은 어떤 권위나 힘에 따라 평가하는 것이 아니라 이치에 맞게 논리적으로 평가하는 것이다.

동물과 달리 인간은 합리적 존재로서, 그의 생각이나 말 그리고 행동이 논리적이어야 한다. 이때 논리적이라는 말은 자신의 신념이나 말과 행동이 모순됨이 없이 이루어지는 것을 말한다. 예를 들어, 평가 대상 A에 대하여 '좋다'라는 평가를 내렸다면 똑같은 조건 하에 있는 평가 대상 B에 대해서도 '좋다'는 평가를 내려야 한다는 것이다. 동일한 조건 하에서 어떤 대상에게는 '좋다'는 평가를 내리고, 어떤 대상에게는 '나쁘다'는 평가를 내리는 것은 모순된 판단이다.

이처럼 합리적으로 가치를 결정하기 위해서는 가치 결정 과정이 이치에 맞고 논리적이어야 한다. 어떤 이유나 근거로부터 가치 판단에 이르게 되는 가치 결정 과정이 논리적인 연관성이 있어야 한다는 것이다. 예를 들어, 연필 A가 좋은 이유에 대해 오래 쓸 수 있고, 잘 부러지지 않는다는 이유를 제시할 수 있다. 그런데 이렇게 제시된 이유들이 평가 대상과 부합하지 않는다면 그것은 논리적 연관성을 갖지 못한다. 또한 이러한 경험적 사실에 기초하여 판단을 내릴 때에는 그 경험적 사실에 대한 평가자의 신념이나 태도가 결부되어야 한다. 예를 들어, 연필과 관련하여 평가할 때 평가자 자신이 가지고 있는 좋은 연필에 대한 신념이 무엇보다도 '모양이 섬세한' 것이라면 위의 판단은 자신의 신념이나 태도가 제대로 반영된 판단은 아니다.

이와 같이 가치 판단이 납득할 만하고 정당한 것이 되기 위해서는, 평가 대상과 관련된 경험적 사실들에 기초하여, 평가 대상에 대한 경험적 사실들과 평가자의 신념이나 태도가 결부된 평가가 되어야 한다. 따라서 여기에 요구되는 교육적 노력은 평가 대상에 대한 경험적 사실들을 수집하고 관련성을 결정하는 방법과 경험적 사실들의 진위를 판단하는 과정과 방법 그리고 판단과 관련된 평가자의 신념이나 태도를 검증하는 방법을 이해하도록 하는 것이다.

또한 가치를 이치에 맞게 논리적으로 평가한다는 것은 가치 판단의 결과보다는 가치 결정 과정을 중시하는 것이다. 그리고 가치 결정 과정이 논리적이려면 그에 합당한 규칙을 따라야 한다. 이것은 합리적 가치 판단이 논증argument[3])에 의해 정당화되어야 한다

는 것을 의미한다. 이를 위해 가치 결정 과정의 규칙, 즉 가치 판단
의 논리를 이해해야 한다.

II. 가치 판단의 논리를 위한 이론적 기초

가치 판단은 어떤 것의 가치에 관하여 평가하는 것이다. 가치 판단이 합리적이려면, 가치 판단에 대한 정당한 근거나 이유가 뒷받침되어야 한다. 즉, 가치 결정 과정이 논리적 연관성을 가져야 한다. 따라서 합리적 가치 판단을 위해 가치 판단의 논리를 이해하는 것이 중요하다. 가치 판단은 사실 판단과 다른 특성을 갖는다. 왜냐하면 사실 판단은 서술적 명제의 진위를 밝히는 논리적 추론 과정과 관련되지만, 가치 판단은 도덕적 명제의 정당성을 규명하는 평가적 추론과 관련되기 때문이다.[4] 이러한 점에서 가치 판단의 논리를 이해하기 위해, 먼저 논리학적 고찰을 통해 일반적인 서술적 명제의 '논리적 추론'을 이해하고자 한다.

1. 논리적 추론의 이해

논리학은 사고 자체를 대상으로, 사고(사유)를 지배하는 일정한 형식과 법칙을 다루는 학문이다. 즉, 어떤 근거로부터 일정한 결론을 이끌어 내는 추리(논증)를 다룬다. 사고는 개념으로부터 출발하여 개념을 연결시켜 판단을 형성하고, 기존의 판단을 바탕으로 새로운 판단을 이끌어 내는 추론을 한다. 이러한 맥락에서 전통 논리학은 기본적으로 개념론, 판단론, 추론의 세 가지로 나뉘어 체계를 이루고 있다. 이 장에서는 논리학의 개념론과 판단론 그리고 추론을 고찰함으로써 논리적 추론을 이해하고자 한다.

1. 개념론

개념론은 사물의 특유한 속성을 반영하는 사유의 형식인 개념, 즉 낱말이 지닌 그 의미적 속성과 적용 범위를 다루는 것이다. 이를테면, '사람'이라는 낱말의 개념에는 '이성적, 감성적' 따위의 속성이 있고, 동물보다는 작은 적용 범위를 가진다. 이러한 개념은 뒤에서 말하는 판단을 바르게 할 수 있는 기초 자료가 된다. 즉, 개념에 대한 정확한 지식을 가질 때 합리적 판단이 가능하다.

1.1 개념의 의미와 형성

① 개념의 의미

개념concept은 일정한 존재를 지시하는 의미 구성체이다.[2] 그러므로 개념은 현실적인 존재 자체는 아니다. 존재는 우리가 직관하는 대상으로서 흔히 지시물이라고 한다. 예를 들면, '나무'는 형체와 무게를 가진 대상으로서 우리의 눈에 비친 지시물이다. 그러나 개념상의 '나무'는 형체와 질량도 없는 의미체이다. 다시 말해, 어떤 지시물을 보았을 때 우리는 머릿속에 그것에 관해서 아는 바를 떠올리게 되는데, 그 내용이 개념이며, 그것은 그 지시물 자체가 아니라 대상에 관해서 머릿속에 간직한 추상적인 '생각'이다. 따라서 '나무'가 무엇인지 아직 모르는 어린이는 실물을 보아도 머릿속에 아무것도 떠오르지 않을 것이다. 그 아이의 머릿속에는 나무에 관한 개념이 형성되어 있지 않기 때문이다. 따라서 나무를 구분할 수 있는 사람은 나무에 대한 개념이 머릿속에 형성되어 있다고 할 수 있다.

② 개념의 형성

어떤 대상, 곧 지시물에 대한 개념 형성에 기초가 되는 것은 그 지시물이 지니고 있는 속성이다. 가령, 나무라는 지시물을 보고 그 개념을 형성하는 과정을 생각해 보면, 나무를 처음 대하는 사람은 그것이 어떤 성질을 가진 것인지를 살펴보게 될 것이다. 나무에는 잎, 가지, 줄기, 뿌리가 있다는 점 등을 관찰하여 파악하게 되는데, 이러한 것들을 나무의 속성attribute이라고 한다. 이런 속성을 바탕으로 그 사람의 머릿속에는 '나무'라는 개념이 형성된다. 이러한 속성들은 '꽃'이나 '돌' 따위가 지닌 속성과 다르며, 그러한 지시물의 속성을 바탕으로 한 나무의 개념은 다른 개념들과 구분된다.

개념이 형성되는 과정은 구체적으로 추상抽象과 사상捨象 작용을 통해 대상의 보편적 속성을 이해하게 됨으로써 가능하게 된다. 추상 작용은 대상의 공통적인 속성을 추출해 내는 사유 작용이고, 사상 작용은 대상의 우연적인 속성을 버리는 사유 작용이다.[3] 가령, 나무가 지니고 있는 속성 중에는 모든 나무가 공통으로 가지고 있는 속성과 특정한 나무만이 지니거나 상황에 따라서 나타나는 각기 다른 속성이 있다. 전자 곧 어떤 지시물에 공통으로 나타나는 속성을 본질적 속성이라면, 후자 곧 특정한 나무나 상황에서만 파악되는 것을 우유적偶有的 속성이라고 한다. 예컨대, 나무에 '잎이 있는 것'은 모든 나무가 공통적으로 가지고 있는 본질적 속성이지만, 잎이 둥글거나 네모나거나 또는 크거나 작거나 하는 따위는 나무가 지닌 본질적 속성이 아니고 특정한 경우에만 나타나는 것이므로 우유적 속성이다. 이러한 나무의 속성들로부터 우유적 속성을 버리고 본질적 속성을 추상해 냄으로써 나무에 대한 개념 형성이 가능하게 된다.[4]

이처럼 바른 개념은 대상의 본질적 속성과 일치하는 것이라야 한다. 그렇지 않고, 그 개념이 실물을 바로 지시할 수 없는 내용이면 거짓이 된다. 세모난 물건을 보고 '삼각형'이라는 개념을 떠올리는 것은 참되지만, 그것을 보고 '사각형'이라는 개념을 떠올리는 것은 참이 아닌 거짓이다. 개를 소라고 한다든지, 사과를 배로 여기는 따위는 거짓된 개념의 보기가 된다. 이러한 잘못된 개념을 가지고 있는 사람의 머릿속에는 실제 사물과 일치하지 않는 개념이 형성되어 있는 것이다. 따라서 개념을 분명하게 하기 위해 개념의 정의*definition*와 분류가 필요하다.

1.2 개념의 정의와 분류

① 개념의 정의

개념의 의미를 설명하는 것을 정의定義[5]라고 한다. 정의는 '~은 ~하다'라는 형식으로 어떤 사물의 개념을 명확히 밝히는 것이다. 개념의 정의는 외연적 정의와 내포적 정의로 나눌 수 있다.[6] 개념의 외연은 그 개념이 적용되는 대상의 집합을 말한다. 가령, 나무의 외연은 나무라는 개념이 가리킬 수 있는 대상의 전체, 즉 소나무, 밤나무, 미루나무, 오동나무 등 모든 나무 종류를 통틀어 말한다. 개념의 내포는 그 개념의 외연에 속하는 모든 대상들만이 가지고 있는 속성을 가리킨다. 가령, 나무의 내포는 나무가 지닌 모든 속성, 곧 잎, 가지, 줄기, 뿌리 따위를 가리켜 말할 때 내포라고 한다. 내포와 외연은 서로 반비례 관계에 있으므로 내포의 양이 커지면 외연은 작아지고 내포의 양이 작아지면 외연은 그만큼 커진다.

외연적 정의는 개념이 가리키는 대상들을 열거하는 것이다. 그 것은 '척추동물은 양서류, 조류, 어류, 포유류 등을 의미한다' 와 같 이 개념의 외연을 열거하는 것이다. 내포적 정의는 유類와 종차種差 에 의한 정의이다.[7] 내포적 정의는 종차＋최근류의 형식을 띤다. 예를 들어, '인간은 이성적 동물이다' 라고 정의했을 때, 다른 동물 들과 구별되는 '이성적' 속성이 인간의 종차이고, '동물' 은 인간의 최근류이다. 개념을 어떻게 정의하느냐에 따라 가치 판단은 달라 질 수 있으므로, 개념을 분명하게 정의하는 것이 올바른 판단을 위 해 매우 중요하다.

② 개념의 분류

개념 상호 간의 관계에서 어떤 개념을 포섭하는 상위 개념을 유개념이라 하고, 포섭되는 하위 개념을 종개념이라 한다. 예를 들 어, 생물의 종개념은 동물과 식물이 되고, 동물과 식물의 유개념은 생물이 된다. 동위 개념은 같은 유개념에 포섭되는 종개념 간에 포 섭 관계가 없을 때를 말한다. 즉, 동물과 식물은 생물의 종개념으로 서 동위 개념이다. 그리고 동위 개념의 외연이 중첩되느냐에 따라 중첩될 때를 교착 개념(예: 도둑과 강도)이라 하고, 중첩되지 않을 때를 이접 개념(예: 남자와 여자)이라 한다. 또한 동위 개념의 질적 인 차이에 따라 반대 개념과 모순 개념으로 구분한다. 반대 개념은 두 개념이 서로 큰 차이가 있고, 그 중간에 제삼의 개념이 개입될 수 있는 개념이다. 가령, 대大와 소小라든가 흑과 백 같은 개념으로 서 대와 소 사이에는 중中이 개입될 수 있고, 흑과 백 사이에는 회 색이 개입될 수 있다. 그러나 모순 개념은 두 개념 사이에 제삼의 개념이 개입될 수 없는 개념이다. 가령, 생生과 사死 그리고 참과 거짓 등이 이에 해당된다.

2. 판단론

우리는 개념을 연결해 자기의 생각을 표현하고, '무엇 무엇이 어떠하다' 라고 판단한다. 가령, 우리는 일상생활에서 '꽃은 아름답다' 라든지, '모든 사람은 이성적 동물이다' 라는 판단 작용을 한다. 이처럼 판단에는 무엇이 어떤 사태에 있는가를 밝히는 개념 간의 논리적 의미 관계의 주장이 담겨 있기 때문에, 판단에 대한 참과 거짓을 밝히는 것이 판단론에서는 매우 중요하다. 그리고 바른 판단은 바른 추론을 위한 토대가 된다.

2.1 판단의 의미와 구조

① 판단의 의미

개념만으로는 우리의 생각을 완전히 나타낼 수 없다. 그 개념들을 서로 연결하여 생각을 통일적으로 드러낼 때 우리의 사고 작용이 더 완전하게 된다. 이렇게 개념의 결합으로 한 걸음 진보된 사고 작용을 하는 것이 판단이다. 즉, 우리가 어떤 대상을 대할 때 그 한 모습을 주목하고 그것과 관련된 생각을 펴는 것이 판단 작용이다. 이를테면, 우리는 화단에 피어 있는 꽃을 바라보고 그것에 대하여 생각을 한다. 이렇게 우리가 어떤 대상을 선택하고 생각을 하게 되면, 그 대상에 대해 무엇인가 한정된 사고 작용이 뒤따르게 마련이다. 가령, 우리가 꽃을 선택하고 그에 대한 고정된 생각을 하게 되면, 그 대상에 대해 '아름답다,' '식물이다' 등의 사고 작용을 하게 된다. 여기에서 두 가지 개념, 즉 '꽃과 아름다움,' '꽃과 식물'이 연결되어, '꽃은 아름답다' 라든지 '꽃은 식물이다' 와 같은 형식을 갖게 된다. 이러한 사고 형식을 판단이라 하고, 이러한 판단을 언어로 표현한 것을 '문장' 이라 한다. 그리고 진위를 가릴 수 있는 서술적 문장을 '명제' (명사)라고 한다.

② 판단의 구조

판단은 "S는 P이다"와 같은 형식을 취한다. 이러한 판단 작용에서 S는 판단의 주어 명사(주개념 혹은 주사)라 하고, P는 술어 명사(빈개념 혹은 빈사)라 한다. 말하자면 판단은 주어를 선택하고 그것에 대하여 어떻다고 생각하는 것이다. 주어 S는 '어떤 사람,' '저 사람' 과 같이 특정 사항을 가리키기도 하고, '모든 사람' 과 같이 사람이라는 부류 전체를 가리킬 수도 있다. 이처럼 주어 명사 앞에 양을 나타내는 것을 양화어量化語라 한다. 술어 명사 P도 여러 가지로 선택될 수 있다. 가령, '동물이다' 라든가 '죽는 존재이다' 와 같이 주어 명사를 한정하고 규정할 수 있다. 그리고 '이다' 혹은 '아니다' 라는 말은 명제의 질을 나타내는 말로서 주사와 빈사의 일치(긍정 명제)와 불일치의 관계(부정 명제)를 나타내는데, 이것을 계사繫辭라 한다. 따라서 일반적으로 판단의 구조는 양화어와 주사 그리고 빈사와 계사로 이루어진다.

2.2 판단의 종류

　판단은 주사와 빈사의 일치, 불일치 관계를 조건 없이 결정하느냐 아니면 조건이 있느냐에 따라 정언 판단(명제)과 제약 판단(명제)으로 나뉜다. 정언 판단은 주어와 서술어를 단정적으로 연결하는 판단으로서 'S는 P이다'의 형식을 띤다. 그리고 주어의 외연이 부류 전체에 걸치느냐 일부에 한정되느냐에 따라 전칭全稱(예: 모든)과 특칭特稱(예: 어떤)으로 나뉜다. 가령, 전칭 판단의 예는 '모든 사람은 이성적이다'와 같은 판단이고, 특칭 판단의 예는 '어떤 사람은 비양심적이다'와 같은 판단이다. 또한 주어의 외연이 한 개체에 해당되는 단칭單稱 판단이 있는데, '소크라테스는 사람이다'와 같은 경우이다.

　또한 주사와 빈사가 결합하느냐 아니면 분리되느냐에 따라 전칭 긍정 판단, 전칭 부정 판단, 특칭 긍정 판단, 특칭 부정 판단으로 나뉜다.[8] 전칭 긍정 판단은 '모든 S는 P이다,' 전칭 부정 판단은 '모든 S는 P가 아니다,' 특칭 긍정 판단은 '어떤 S는 P이다,' 특칭 부정 판단은 '어떤 S는 P가 아니다'의 형식은 갖는다. 예를 들면, 전칭 긍정 판단은 '모든 군인은 용감한 사람이다,' 전칭 부정 판단은 '모든 군인은 용감한 사람이 아니다,' 특칭 긍정 판단은 '어떤 군인은 용감한 사람이다,' 특칭 부정 판단은 '어떤 군인은 용감한 사람이 아니다'와 같은 판단이다.

　제약 판단은 판단이 성립하기 위해서 선행 조건이 필요한 가언 판단(가언 명제)과 주사를 규정하는 빈사가 여러 가지 있는 선언 판단(선언 명제)으로 나뉜다. 예를 들면, 일반적으로 가정적 조건을 바탕으로 하는 가언 판단은 'p이면 q이다'(p⊃q)의 형식을 취한다. 여기에서 ～이면에 해당되는 명제를 전건前件이라 하고, ～이면 다음에 오는 명제를 후건後件이라 한다. 이러한 가언 판단은 가령, '봄이 오면 꽃이 핀다' 와 같은 판단이다. 그리고 주사와 그것을 규정하는 빈사가 선택적으로 결합되는 선언 판단은 'p이거나 q이다'(p∨q)의 형식을 띠는데, 예를 들면 '사람은 남자이거나 여자이다' 와 같은 판단이 이에 속한다.

2.3 판단의 참과 거짓

판단 작용에서는 판단의 참과 거짓을 판단하는 것이 매우 중요하다. 판단은 객관적인 사태와 일치하면 참된 판단이라 하고, 그렇지 않을 때에는 거짓된 판단이다. 또한 주어와 서술어의 개념 자체에 어긋남이 있을 때에는 모순된 판단이라 한다. 먼저, 정언 판단의 참과 거짓 여부를 살펴보자. 정언 판단의 참과 거짓은 주연과 부주연의 관계를 살펴봄으로써 알 수 있다.[9]

전칭 긍정 판단의 참일 조건은 주사는 주연되어야 하고, 빈사는 부주연되어야 한다. 즉, 빈사가 주사를 포섭하든지 적어도 동일해야 한다는 것이다. 가령, 이솝 우화에 나오는 토끼와 거북이의 이야기에서 토끼는 '모든 운동 경기의 승패를 결정하는 요인은 신체적 조건이다' 라고 판단했을 것이다. 이러한 토끼의 판단에서, 빈사인 '신체적 조건' 은 주사인 '모든 운동 경기의 승패를 결정하는 요인' 을 포섭하든지 적어도 동일해야 이 판단은 참이다. 그러나 운동 경기의 승패를 결정하는 요인에는 신체적 조건뿐만 아니라 '기술, 투지, 인내심, 컨디션' 등 여러 요인들이 있을 수 있다. 따라서 이 판단은 빈사가 주사를 포섭하지 못하므로 잘못되었다. 이러한 잘못된 판단으로 인해 토끼는 경기에서 질 수밖에 없었다.

전칭 부정 판단이 참이기 위해서는 주사와 빈사가 모두 주연되어야 한다. 가령, '모든 사람은 식물이 아니다' 라는 판단은 주사가 주연되었고, 빈사가 주연되었으므로 참이다. 그리고 특칭 긍정 판단이 참이기 위해서는 주사와 빈사가 모두 부주연되어야 한다. 예를 들면, '어떤 과학자는 철학자이다' 라는 판단은 주사와 빈사가 모두 부주연되었으므로 참이다. 특칭 부정 판단은 주사는 부주연되고, 빈사는 주연되어야 참이다. 예컨대, '어떤 남자는 학생이 아니다' 라는 판단은 주사가 부주연되었고, 빈사가 주연되었으므로 참이다. 이처럼 정언 판단의 참과 거짓은 주연 관계에 의해 판명된다.

가언 판단은 전건과 후건의 관계가 필연적인가 아닌가에 따라 판단의 옳고 그름이 결정된다. 다시 말해, 후건이 전건으로부터 필연적으로 귀결될 때 참이고, 그렇지 않을 때에는 거짓이다. 가령, '만일 그 각이 직각이라면 그 각은 90도이다' 와 같은 가언 판단은 후건이 전건으로부터 필연적으로 이끌려 나오므로 참이다. 그리고 선언 판단이 참이 되기 위해서는 두 선언지 중 어느 하나가 참이어야 하고, 선언지 모두가 거짓이면 그 판단은 거짓이다.

2.4 사실 판단과 가치 판단

판단은 사실을 단순히 기술하느냐 아니면 말하는 이의 적극적인 의도를 표시하느냐에 따라 전자를 사실 판단이라 하고, 후자를 가치 판단이라 한다. 사실 판단은 사실 자체만을 지적하는 것이고, 가치 판단은 사물의 가치를 평가하는 경우이다. 예를 들면, 사실 판단은 '갑돌이는 갑순이보다 키가 크다' 와 같이 '∼이다to be' 의 판단이다. 사실 판단은 주어와 서술어의 두 개념이 나타내는 내용 사이에 존재하는 사실적 또는 논리적 관계를 객관적으로 판정하는 것이다. 이를테면, '갑돌이의 키'라는 개념 내용과 '갑순이의 키'라는 개념 내용이 일치하는가 여부를 판정하는 것이다. 여기에서 그 사실이 일치되면 판단은 참이 된다. 그러나 가치 판단은 '갑돌이는 갑순이보다 좋은 아이다'라거나 '사람은 정직해야 한다'와 같이 '~좋다' 혹은 '~해야 한다ought to be'는 선악 혹은 가치에 관한 판단이다. 가치 판단은 대개 평가하는 사람의 의견에 따라 그 정도가 달라질 수 있어 평가자의 주관성이 개입될 가능성이 충분히 존재한다.

이러한 점에서, 사실 판단은 실연 판단, 필연 판단, 개연 판단을 포함한다고 할 수 있다.[10) 실연 판단은 본래 사실을 나타낸 것이고, 필연 판단은 실연 판단을 한층 강조한 것이라 할 수 있으며, 개연 판단은 확실성이 부족한 실연 판단이라 할 수 있다. 그러나 가치 판단은 순수한 논리적 판단이라기보다는 윤리적 가치와 관련된 것이다. 이는 '사람을 죽여서는 안 된다'라거나 '이웃을 사랑해야 한다'와 같이 일종의 윤리적, 도덕적 행위 규범과 관련되는 것이다.

3. 추론

추리reasoning는 이미 알고 있는 판단(전제)으로부터 새로운 판단(결론)을 이끌어 내는 정신적 사고 절차이다. 그리고 추리를 말로 나타내는 것을 추론 혹은 논증argument이라 한다. 이를테면, '그 사람은 정직한 사람이다'라는 판단이 인정될 경우에 그것을 바탕으로 이끌어 낸 '따라서 누구나 그 사람을 믿는다'와 같은 판단은 새로운 판단이 될 수 있다. 이 경우에 근거가 되는 판단이 누구에게나 인정되는 참이라면, 그것을 바탕으로 이끌어 낸 새로운 판단도 참이 될 수 있다. 주지하다시피, 이러한 추론은 판단에 기초하고, 판단은 개념에 기초한다. 추론은 연역 추론과 귀납 추론으로 대별된다. 이들을 살펴보면서 논리적 추론에 대해 알아보자.

3.1 연역 추론

연역 추론은 보편적이고 일반적인 원리나 전제로부터 특수한 사실을 이끌어 내는 추론이다.[11] 이러한 연역 추론은 직접 추론과 간접 추론으로 나뉜다.

① 직접 추론

직접 추론은 어떤 한 명제로부터 새로운 한 명제를 직접적으로 이끌어 내는 추론이다. 여기에는 대당 관계에 의한 직접 추론과 명제 변형에 의한 직접 추론으로 나눌 수 있다.

대당 관계에 의한 직접 추론은 명제의 주사와 빈사를 고정하고 단지 양이나 질(혹은 양과 질 모두)을 달리할 때 한 명제의 참·거짓으로부터 다른 명제의 참·거짓을 판단하는 추론이다. 모순 관계에 있는 두 판단(명제)은 모두 동시에 참, 거짓일 수 없다. 반대 관계에 있는 두 판단은 동시에 참일 수는 없으나 거짓일 수는 있다. 소반대 관계에 있는 두 판단은 동시에 거짓일 수는 없으나 참일 수는 있다. 대소 관계에 있는 두 판단은 전칭 판단이 참이면 특칭 판단도 참이고, 특칭 판단이 거짓이면 전칭 판단도 거짓이다.

명제 변형에 의한 직접 추론은 주어진 판단(명제)의 형식을 변경하여 새로운 판단을 이끌어 내는 추론이다. 다시 말해, 한 판단(명제)의 진리치를 바꾸지 않고 그 판단을 다른 형태로 변형하는 방법이다. 여기에는 환위, 환질, 이환(대우)법이 있다. 환위는 판단(명제)의 질은 그대로 두고 주사와 빈사의 위치만을 바꾸는 추론이다. 여기에는 E명제와 I명제가 가능하며, A명제는 제한 환위만이 가능하다.[12]

환질은 한 판단의 주사는 그대로 두고 빈사를 그것의 모순 개념으로 바꾸면서 판단의 질을 바꾸는 추론으로서, '모든 S는 P이다' 라는 판단은 '모든 S는 비P가 아니다' 의 형태를 띤다. 이러한 환질은 A, E, I, O의 모든 판단이 가능하다. 이환(대우)은 주어진 판단(명제)의 술어의 모순 개념을 주어로 하고 주어의 모순 개념을 술어로 한 명제이다. 가령, '모든 인간은 죽는 존재이다' 라는 판단은 '죽지 않는 모든 존재는 비인간이다' 로 이환이 가능하다. 그러나 '모든 비인간은 죽지 않는다' 는 '모든 인간은 죽는다' 로 바꾸는 것은 이환 명제가 아니다.

② 간접 추론

간접 추론은 둘 이상의 전제로부터 결론을 이끌어 내는 추론이다. 대표적인 간접 추론은 삼단 논법이다. 예를 들면,

(가) 모든 인간은 죽는 존재이다. (대전제)

(나) 모든 영웅은 사람이다. (소전제)

(다) 따라서 모든 영웅은 죽는 존재이다. (결론)

이러한 간접 추론은 (가)와 (나)의 두 판단(명제)을 근거로 해서 (다)와 같은 새로운 판단(명제)을 이끌어 내는 것이다. 이때 결론의 주사를 소명사라 하고, 결론의 빈사를 대명사라 한다. 그리고 소명사가 속해 있는 전제를 소전제, 대명사가 속해 있는 전제를 대전제, 대전제와 소전제에 속해 있는 중복 명사를 중명사라 한다.

가. 정언 삼단 논법

정언 삼단 논법(3개의 정언 명제와 3개의 명사로 이루어진 연역 추론)의 추론 형식은 다음과 같다.

모든 M은 P이다. (대전제)
모든 S는 M이다. (소전제)
따라서 모든 S는 P이다. (결론)

정언 삼단 논법의 추론은 추론 형식이 타당해야 한다. 그림 II-1의 예 2)는 전제가 참이라 하더라도 추론 형식이 타당하지 않으므로 결론은 거짓인 경우이다.

또한 논증의 형식이 타당하고, 그 전제가 참이라는 조건을 만족할 때, 그 추론은 건전성을 확보할 수 있다. 다음의 예는 추론 형식은 타당하나 전제가 참이 아니므로 건전한 추론이 아니다.[13]

예) 모든 백마(M)는 날개가 돋아 있는 존재(P)이다. (거짓)
　　모든 독수리(S)는 백마(M)이다. (거짓)
　　그러므로 독수리(S)는 날개가 돋아 있는 존재(P)이다. (참)

예 1) 모든 동물은 죽는 존재이다. (참)

모든 사람은 동물이다. (참)

따라서 모든 사람은 죽는 존재이다. (참)

(추론 형식)

모든 M은 P이다.

모든 S는 M이다.

그러므로 모든 S는 P이다.

예 2) 모든 민주당원은 대한민국 국민이다. (참)

모든 한나라당원은 대한민국 국민이다. (참)

따라서 모든 민주당원은 한나라당원이다. (거짓)

(추론 형식)

모든 P는 M이다.

모든 S는 M이다.

그러므로 모든 S는 P이다.

그림 II-1. 추론 형식의 타당성

나. 선언 삼단 논법

선언 삼단 논법은 원자 명제들이 '혹은'에 의해 결합된 분자 명제이다. 즉, 대전제에 선언 판단(명제), 곧 선택문이 나타날 때 이루어지는 것이다. 예를 들면,

내일은 비가 오거나 눈이 온다. (내일은 P이거나 Q이다).

내일은 비가 오지 않는다. (내일은 P가 아니다)
그러므로 내일은 눈이 온다. (그러므로 내일은 Q이다)

이 논법의 타당한 형식은 전제로 하나의 선언 명제가 주어지고, 다른 전제는 선언 명제의 한편의 선언지를 부정한다. 그리고 다른 편 선언지를 결론에서 이끌어 낸다.

다. 가언 삼단 논법

가언 삼단 논법은 대전제의 전건이 가언 명제, 즉 가정적 표현으로 된 것을 말한다. 가령, '만일 내일 비가 오면 나는 소풍을 가지 않는다' 라고 한다면, 앞의 요소 명제를 전건이라 하고 ~라면 뒤에 오는 요소 명제를 후건이라 한다. 가언 명제는 순수 가언 삼단 논법과 혼합 가언 삼단 논법으로 나뉜다.

다-1. 순수 가언 삼단 논법

전제가 모두 가언 명제들로만 구성되어 있는 삼단 논법을 순수 가언 삼단 논법이라 하고, 타당한 형식은 '만일 p이면 q이고,' '만일 q이면 r이고,' '그러므로 만일 p이면 r이다' 의 형식을 띤다. 예를 들면,

만일 내일 비가 오면 나는 소풍을 가지 않는다.
만일 소풍을 가지 않으면 공부를 할 것이다.
그러므로 만일 내일 비가 오면 나는 공부를 할 것이다.

다-2. 혼합 가언 삼단 논법

혼합 가언 삼단 논법은 정언 명제와 가언 명제가 혼합되어 있

으며, 여기에는 전건 긍정식과 후건 부정식이 있다.

○ 전건 긍정식

전건 긍정식은 조건 명제('p이면 q이다')의 전건(p)을 긍정해서 후건(q)을 결론으로 이끌어 내는 추론 형식을 지니고 있다.

p이면 q이다.   if p then q

p이다.   p

따라서 q이다. $\therefore q$

위의 형식에 맞는 예를 들면 다음과 같다.

사람은 돈이 많으면 걱정이 많다.

그는 돈이 많다.

그러므로 그는 걱정이 많다.

이러한 전건 긍정식을 다음의 후건 긍정의 오류와 혼동해서는 안 된다.

사람은 돈이 많으면 걱정이 많다.

그는 걱정이 많다.

그러므로 그는 돈이 많다.

○ 후건 부정식

후건 부정식은 조건 명제('p이면 q이다')의 후건(q)을 부정해서 전건의 부정을 결론으로 이끌어 내는 다음과 같은 추론 형식을 지니고 있다.

p이면 q이다.	if p then q
q가 아니다.	~q
따라서 p가 아니다.	∴~p

위의 형식에 맞는 예를 들면 다음과 같다.

전쟁이 발발하면 사람이 죽는다.
사람이 죽지 않았다.
그러므로 전쟁이 발발하지 않았다.

후건 부정식은 상대방의 주장을 반박할 때 자주 사용하는 논법이다. 그런데 후건 부정식을 다음과 같은 전건 부정의 오류와 혼동해서는 안 된다.

전쟁이 발발하면 사람이 죽는다.
전쟁이 발발하지 않았다.
그러므로 사람이 죽지 않았다.

라. 생략 논법

완전한 형식의 삼단 논법보다 실제로는 전제나 결론이 생략된 생략 논법이 더 많이 사용된다. 생략 논법은 삼단 논법의 전제 중 하나를 생략하거나 아니면 두 전제를 제시하면서 결론을 생략하는 두 가지 경우로 나눌 수 있다. 즉, 생략 논법은 대전제가 생략된 경우가 있고, 어떤 때에는 소전제가 생략될 수도 있으며, 경우에 따라서는 결론이 생략될 수도 있다. 따라서 생략 논법은 직접 추론이 아니고 간접 추론이라 할 수 있다.

○ 대전제가 생략된 경우
'철수는 죽는다. 왜냐하면 철수는 사람이기 때문이다.'

이 추론은 '모든 사람은 죽는다' 라는 전제를 생략하고 있다. 완전한 삼단 논법은 다음과 같다. 이것은 전건 긍정식의 생략 논법이다.

(모든 사람은 죽는다.) – (생략된 전제)
철수는 사람이다.
따라서 철수는 죽는다.

○ 소전제가 생략된 경우
'사람은 혼자 살 수 없으니, 너도 혼자 살 수 없다.'

이 추론은 '너는 사람이다' 라는 소전제를 생략하고 있다. 완전한 삼단 논법은 다음과 같다. 이것도 전건 긍정식의 생략 논법이다.

사람은 혼자 살 수 없다
(너는 사람이다)
따라서 너도 혼자 살 수 없다.

○ 결론이 생략된 경우
'오늘 숙제를 해 오지 않은 학생들은 모두 화장실 청소를 했는데, 철수는 화장실 청소를 하지 않았다' 라는 이 추론은 '철수는 숙제를 해왔다'는 결론을 생략하고 있는 후건 부정식이다. 완전한 삼단 논법은 다음과 같다.

> 숙제를 해 오지 않은 학생들은 모두 화장실 청소를 했다.
> 철수는 화장실 청소를 하지 않았다.
> (따라서 철수는 숙제를 해왔다.) – (생략된 결론)

마. 양도 논법(딜레마)

양도 논법은 두 개의 가언 명제와 하나의 선언 명제를 전제로 하는 논법이다. 양도 논법의 결론은 선언 명제일 수도 있고 정언 명제일 수도 있다. 따라서 가언 선언 삼단 논법이라고도 한다. 딜레마는 가언 명제의 전건을 긍정하느냐 아니면 후건을 부정하느냐에 따라서 구성적 딜레마와 파괴적 딜레마로 구분한다. 또한 딜레마는 결론이 정언 명제로 되어 있느냐, 선언 명제로 되어 있느냐에 따라 단순 딜레마와 복합 딜레마로 나뉜다. 구성적 딜레마는 가언 삼단 논법의 전건 긍정식 두 개가 결합된 형태이며, 파괴적 딜레마는 가언 삼단 논법의 후건 부정식 두 개가 결합된 형태이다. 그리고 단순 딜레마는 결론이 정언 명제로 귀결된다.

딜레마를 효과적으로 반박하는 방법으로는 두 가지를 들 수 있다. 하나는 전제 중에서 선언 전제를 물리치는 '뿔 사이로 피하기' 방법이고, 다른 하나는 가언 전제를 물리치는 '뿔로 잡기' 방법이다. 뿔 사이로 피하기의 방법은 딜레마의 선언 전제를 문제 삼아 결론을 물리치는 방법이다. 선언 전제가 배중률의 형식을 가지고 있지 않은 경우에 그 선언 전제는 거짓일 수 있기 때문이다. 뿔로 잡기 방법은 배중률의 형식을 지닌 선언 전제가 포함되어 있는 딜레마를 반박하는 방법이다. 이 방법은 가언 전제를 물리치는 방법이다.

3.2 귀납 추론

연역 추론은 결론이 전제들로부터 필연적으로 귀결되지만, 귀납 추론은 전제로부터 결론이 필연적으로가 아니라 확률적으로 이끌려 나오는 추론이다. 전제가 참이면 결론이 필연적으로 참이 될 수밖에 없는 연역 추론과는 달리, 귀납 추론에서는 전제가 참이라 할지라도 결론이 반드시 참이라고 말할 수는 없다. 단지 확률적으로 또는 개연적으로만 참이 될 뿐이다. 귀납 추론은 크게 일반화와 유비 추론으로 나눌 수 있다. 일반화는 몇 개의 개별 사례로부터 일반적인 명제를 이끌어 내거나, 또는 일반성이 적은 명제들을 근거로 하여 일반성이 보다 큰 명제를 이끌어 내는 추론으로, 예를 들면 다음과 같다.

A라는 사람도 죽었다.
B라는 사람도 죽었다.
C라는 사람도 죽었다.
D라는 사람도 그러하였다.
따라서 모든 사람은 죽는다.

유비 추론은 어떤 대상이 다른 대상들과 어떤 측면에서 유사하다는 것을 지적하고 다른 측면에서도 유사할 것이라고 추론하는 방법이다.

『맹자』라는 책은 맹자라는 사람의 사상을 담고 있다.
『순자』라는 책은 순자라는 사람의 사상을 담고 있다.
따라서 『노자』라는 책도 노자라는 사람의 사상을 담고 있을 것이다.

4. 논리적 오류와 추론의 검증

주지하다시피, 추론은 기존의 판단으로부터 새로운 판단을 이끌어 내는 정신적인 사고 절차이다. 이러한 추론이 정당하려면 논리적 관련성, 즉 타당성과 건전성을 확보해야 한다. 추론이 타당하려면 어떤 전제로부터 결론을 이끌어 내는 과정이 형식에 맞아야 하고, 추론이 건전하려면 전제가 참이어야 한다. 논리적인 추론 형식과 논변 자체의 내용에 맞지 않을 때 논리적 오류를 범하게 된다. 논리적 오류는 크게 형식적 오류와 비형식적 오류로 구분된다.

4.1 형식적 오류의 타당성 검증

연역적 타당성, 즉 연역 추론 형식의 타당성은 다음과 같은7, 로 검증할 수 있다.[14]

어떤 논증이 연역적으로 타당하려면, 만일 전제 모두가 참이면 결론도 참일 수밖에 없거나 만일 결론이 거짓이면 전제들 중 적어도 하나가 거짓일 수밖에 없다.

어떤 논증의 타당성 여부는 그 논증이 위의 정의를 만족시키는가 여부를 확인해 보면 된다. 즉, 이 정의를 만족시키면 타당하고, 그렇지 않을 경우에는 그 논증은 부당하다. 논증의 종류가 많고 구조가 다양하기 때문에 타당성 조사를 위해 기호를 도입할 수밖에 없다. 먼저, 타당성 증명을 위해 연결사의 기호들을 살펴보자(그림

기호	기호명	기호
–	부정	~이 아니다
•	연언	그리고
∨	선언	또는
⊃	조건	만일 ~라면
≡	쌍조건	~일 경우 그리고 그 경우에만

그림 II-2. 연결사의 기호들

II-2 참조).

이 기호들의 구체적인 논리적 의미를 살펴보면 다음과 같다.

$-p$: p는 거짓이다. p가 아니다. p는 사실이 아니다. p하지 못한다.

$p \cdot q$: p와 q, p이면 q, p이면서 동시에 q, p이지만 q, p일지라도 q, p인 반면에 q. 수식 관계에 있는 p와 q.

$p \vee q$: p나 q, p 또는 q, p이든지 q, p이든지 q이든지 적어도 둘 중의 하나이다.

$p \supset q$: 만일 p라면 q, p일 경우에, q인 경우에만, p는 q의 충분조건이다. q는 p의 필요조건이다.

$p \equiv q$: 만일 p라면 q이고 만일 q라면 p이다, p인 것은 q인 경우 그리고 그 경우에 만이다, 꼭 q인 경우에 p, p와 q는 단순하게 동치이다. p는 q의 필요충분조건이다.

다음으로, 논리적 타당성 조사를 위해서는 진리 함수적 형식들의 참과 거짓의 값이 어떻게 결정되는지를 살펴보아야 한다. 참을 T로, 거짓을 F로 표기한다면, 진리 함수적 연결사들을 포함한 진위

p	q	~p	~q	p • q	p∨q	p⊃q	p≡q
T	T	F	F	T	T	T	T
T	F	F	T	F	T	F	F
F	T	T	F	F	T	T	F
F	F	T	T	F	F	T	T

그림 II-3. 진리표로 본 진리 함수적 형식들의 진위치

치는 그림 II-3과 같다.

(타당성 증명의 예)

S: (1) 만일 지구가 태양 주위를 돈다면 태양이 지구 주위를 도는 것
　　　이 아니다.
　　(2) 태양이 지구 주위를 도는 것이 아니다.
　　(3) 따라서 지구는 태양 주위를 돈다.

이를 논증의 논리적 형식으로 고치면 다음과 같다.

지구가 태양 주위를 돈다: p, 태양이 지구 주위를 도는 것이다: q.

T: (1) p⊃ ~q
　　(2) ~q
　　――――――
　　(3) p

　　만일 이 논증의 형식이 타당하다면, 전제들 모두가 참이면 결
론도 참이어야 한다. 그러면 전제들을 모두 참으로 가정해 보자. 전

제가 모두 참이기 때문에 (2)도 참이어야 한다. 따라서 q는 거짓이어야 한다. 그런데 이 경우 (1)은 p의 진위치에 관계없이 참이 된다. 따라서 p를 거짓으로 해도 (1)은 참이 된다. 그러나 p를 거짓으로 한다는 것은 이 논증의 결론을 거짓으로 한다는 것이다. 따라서 이 논증은 타당하지 않다. 전제들이 모두 참이면서 결론이 거짓인 경우도 있기 때문이다.

4.2 비형식적 오류의 분류

비형식적 오류는 논변의 형식 때문에 생기는 오류가 아니라 제시된 근거가 주장을 논리적으로 뒷받침하는 데 관련성이 없거나 (관련성의 오류), 사용하는 언어가 애매하기 때문에 발생하는 오류 (애매성의 오류)이다.

관련성의 오류에는 힘에 호소하거나 위협함으로써 자신의 주장을 받아들이게 하는 힘에 호소하는 오류, 상대방이 말한 내용을 공격하는 것이 아니라 그 말을 하는 사람의 인격을 손상시키면서 그의 주장을 꺾으려고 할 때 범하는 인신공격의 오류, 두 사람 간의 논쟁에서 상대방이 그가 처한 정황 혹은 상황으로 미루어 보아 자기의 생각을 받아들일 수밖에 없다고 주장하거나 상대방도 자기와 마찬가지 상황이므로 자기의 입장이 정당화된다고 주장하는 피장파장의 오류, 참이라고 밝혀진 것이 없으니까 거짓이라고 주장하거나 거짓이라고 밝혀진 것이 없으니까 참이라고 주장하는 무지로부터 논증의 오류, 상대방의 주장을 공격하기 쉬운 주장, 즉 허수아비처럼 쉽게 무너지는 주장으로 제멋대로 바꾸어 놓고 상대방을 공격하는 허수아비 공격의 오류가 있다.

또한 어떤 사람, 생각, 제도, 관행 등의 기원이 어떤 특성을 지니고 있기 때문에 그것들도 그러한 특성을 지닐 것이라고 추론하는 발생학적 오류, 상대방에게 연민의 정 또는 동정심을 유발하여 자신의 입장을 받아들이도록 하는 동정에 호소하는 오류, 군중의 심리를 자극해서 자기의 주장을 받아들이도록 유도하거나 다수의 사람들이 어떤 신념을 갖거나 행동을 하기 때문에 그것이 옳다고 주장하는 다수에 호소하는 오류, 대표하기 어려운 한 개 또는 몇 개의 특수한 사례를 들어 전체가 그 사례의 특성을 갖고 있다고 추론하는 성급한 일반화의 오류, 어떤 대상이 좋다거나 옳다는 것을 증명하기 위해서 권위자나 권위 있는 기관을 들먹이는 권위에 호소하는 오류, 증명해야 할 명제를 다른 말로 증명하지 않고 같거나 유사한 말을 근거로 삼아 주장하는 선결 문제 요구의 오류 등이 있다.

애매성의 오류에는 애매어, 애매문, 결합, 분해의 오류가 있다. 애매어의 오류는 어떤 상황에서 두 가지 이상의 의미로 이해될 수 있는 낱말을 그중 하나의 의미로 부당하게 해석한 다음 추론하는 오류이며, 애매문의 오류는 구나 문장의 구조가 애매하기 때문에 범하게 되는 오류이다. 결합의 오류는 개별 요소들이 어떤 특성을 갖고 있다고 해서 그 요소들로 구성된 복합체도 그 특성을 갖고 있다고 추론하는 오류이고, 분해의 오류는 결합의 오류와 반대 방향으로 추론하는 오류이다. 이처럼 전제와 결론이 관련성을 갖지 못하거나 애매한 언어를 사용할 때 오류가 발생할 수 있다.

4.3 추론의 건전성 검증과 평가적 추론

논리적 추론에서 전제는 반드시 참이어야 한다. 전제가 참이 아닐 때 그 추론은 건전성을 확보하지 못한다. 거짓인 전제로부터 이끌어 낸 추론은 참일 수 없다. 추론의 형식을 살피고 전제와 결론의 관련성 여부를 살피는 일도 중요하지만, 전제의 내용이 참이냐 거짓이냐 하는 문제를 확인하는 일도 매우 중요하다. 그런데 이러한 전제의 참을 확인하는 문제는 복잡한 양상을 띤다. 그것이 사실 판단이 아니라 가치 판단일 때에는 더욱 문제가 된다. 일반적으로 논리적 추론을 검증하는 방법은 세 가지가 있다.[15]

첫째는 검증할 판단이 관찰 진술일 때에는 그 진술에 포함되어 있는 조건이 존재하는지를 알아내기 위해 관찰하는 것이다. 이러한 과정을 이용하여 어떤 사람이 '내 책상 위에 펜이 하나 있다' 라는 판단을 했을 때 실제로 책상을 바라보거나 만져봄으로써 검증할 수가 있다. 둘째는 참인 다른 사실 판단들로부터 어떤 사실 판단을 연역함으로써 검증한다. 어떤 판단이 전제가 참인 명제로부터 연역되었다는 것을 보여 주는 것이다. 예를 들면, '이 꽃병은 2000년 된 것이다' 라는 판단은 '화학적 성질 X가 있는 골동품은 2000년 된 것이다,' '이 꽃병은 성질 X를 가지고 있다' 라는 논리적 추론을 거친다면 이 논증은 참이다. 셋째는 일반화를 검증할 때 이용하는 것으로서, 먼저 어떤 관찰 가능한 조건에 관한 진술을 이미 알려진 다른 사실들과 일반화로부터 연역하고, 그런 다음 그 예측한 조건이 존재하는지를 결정하는 관찰을 한다. 이때 그 예측한 조건이 존재하면 그 일반화는 참이라는 증거를 제공하는 셈이 되고, 예측한 조건이 없으면 그 일반화는 거짓이 된다.

그러나 가치 판단의 경우에 위의 세 가지 방법으로 검증하기는 어렵다. 즉, 가치 판단의 경우에 관찰 가능한 방법으로 검증하기는 불가능하다는 것이다. 예를 들어, '저것은 좋은 자동차이다' 라는 가치 판단의 경우를 생각해 보자. 우리는 이러한 판단에 어떤 조건이 존재하는지를 알아보기 위해 색깔, 모양, 속도, 연비 등을 관찰할 수 있다. 그렇지만 우리가 보지 못하는 것은 그 차의 '좋음' 이다. 물론 위에서 관찰한 여러 가지 차에 대한 정보를 토대로 차가 좋다는 것을 판단할 수는 있지만, 그 차의 '좋음' 은 관찰하지 못한다. 만일 그 차의 '좋음' 을 관찰할 수 있다면 사람마다 그 차에 대한 평가가 다르지 않을 것이다. 사실, 차에 대한 사실 정보를 두 사람이 똑같이 공유했다 하더라도 서로 다른 평가가 가능하다. 즉, 두 사람이 동일한 차에 대해 동일한 정보를 가지고 있다 하더라도 한 사람은 '그 차는 좋다' 라고 판단을 내릴 수 있고, 다른 한 사람은 '그 차는 좋지 않다' 라는 판단을 내릴 수 있다. 이것이 사실적 명제의 논리적 추론과 규범적 명제의 평가적 추론의 차이점이다. 이를 좀 더 구체적으로 살펴보자.

4.4 기술과 평가

사실적 진술과 규범적 진술은 다르다. 예컨대 '갑돌이가 갑순이보다 키가 크다' 라는 사실적 명제와 '철수의 행동은 바람직하다' 라는 규범적 명제는 서로 다르다. 일반적으로 사실적 명제를 다루는 사실 판단과 관련된 사실적 진술을 기술*description*이라 하고, 규범적 명제를 다루는 가치 판단과 관련된 규범적 진술을 평가*evaluation*라고 한다. 이를 비교하면 그림 II-4와 같다.

기술은 전형적으로 평가 대상에 대한 사실적 진술이다. 기술은

기술(사실 판단)	평가(가치 판단)
지구는 태양 주위를 돈다.	세종은 훌륭하다.
쇠붙이는 물에 가라앉는다.	질서는 지켜야 한다.
1919년 3월 1일 독립 운동이 일어났다.	낙태는 해서는 안 된다

그림 II-4. 기술과 평가의 비교

평가 대상이 갖고 있는 성질이나 속성 혹은 특징으로 평가 대상을 진술한다. 그러므로 기술은 평가 대상과 평가 대상의 어떤 성질이나 속성인 특성으로 구성된다.

〈기술의 예〉

평가 대상		특성
모든 인간은	/	죽는 존재이다.

평가 대상		특성
선진국은	/	출산율이 낮다.

평가는 평가 대상에 대한 규범적 진술이다. 기술처럼 평가 대상에 대해 특성을 기술하는 것과 달리, 평가는 평가 대상에 대한 가치 판단이다. 그러므로 평가는 평가 대상과 평가 용어로 구성된다.

〈평가의 예〉

평가 대상		평가 용어
국산 자동차는	/	좋다

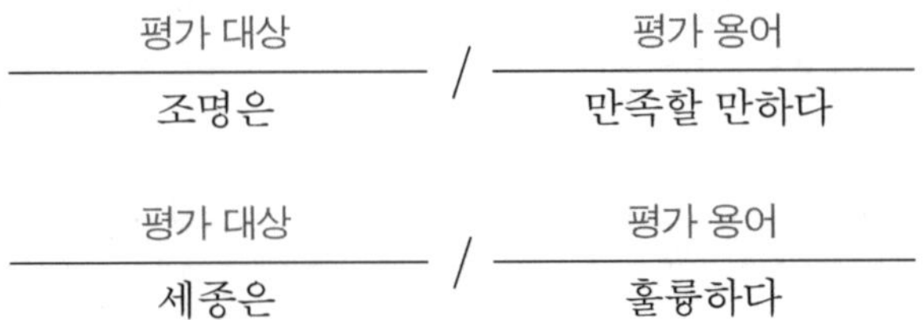

　이처럼 사실적 명제와 규범적 명제는 다른 특성을 갖는다. 그러므로 규범적 명제를 다루는 평가적 추론[16]은 사실적 명제의 논리적 추론 구조와는 다르다. 가치 판단의 전제는 관찰에 의해 검증되지 않는다. 규범적 명제인 가치 판단은 사물에 대한 평가자의 주관이 개입될 가능성이 충분히 존재하므로 논리적 필연성을 주장하기 어렵다. 따라서 가치 판단을 사실 판단으로 해석하거나 환원하는 것은 옳지 않다. 그렇다고 가치 판단의 논리성을 부정하는 것은 아니다. 왜냐하면 가치 판단 역시 평가자의 주관이 개입되기는 하지만 사실 판단에 근거하기 때문이다. 이것은 규범적 진술을 다루는 가치 판단도 그 판단에 대한 정당한 근거나 이유가 전제된다면 가치 판단의 합리성을 보장받을 수 있음을 함축한다. 이러한 점에서, 가치 판단의 논리를 규명한다는 것은 평가적 추론, 즉 사실로부터 가치를 어떻게 도출하는지를 명료화하는 것이다.

2. 평가적 추론의 이해

　　지금까지 논리학적 고찰을 통해 서술적 명제를 다루는 논리적 추론에 대해 살펴보았다. 주지하다시피, 타당하고 건전한 추론이 되려면 추론 형식에 맞아야 하며, 전제가 참이어야 한다. 일반적으로, 어떤 사실적 명제를 다루는 연역 추론은 대전제, 소전제, 결론의 과정을 거친다. 즉, 대전제와 소전제의 두 전제로부터 결론을 이끌어 낸다. 여기에서 대전제는 일반 명제이며, 소전제는 매개 명제, 결론은 특수 명제이다. 대전제인 일반 명제를 토대로 새로운 제3의 특수 명제인 결론을 이끌어 내는 구조를 갖는다.

　　그러나 가치 판단의 논리는 판단(결론)과 이유나 근거(전제) 사이의 논리적 연관성을 살피는 평가적 추론과 관련된다. 이것은 어떤 현상이나 사물 혹은 사태를 판단함에 있어 가장 좋은 이유나 근거를 마련하는 일이며, 이러한 과정은 논리적 사유에 의해 인도된다. 따라서 합리적 가치 판단은 주관적이고 감정적인 판단이 아닌 객관적이고 보편적인 이유나 근거에 기초한 판단으로서 가치 결정 과정, 즉 평가적 추론 과정이 합리적이어야 한다. 가령, 내가 "너희

집은 추하다"라는 말을 했다고 가정해 보자. 당신은 내가 한 말을 뒷받침할 근거를 말하라고 요구할 수 있다고 생각하고는 "어째서 그렇게 말할 수 있습니까?"라고 물을 수 있을 것이다.

가치 판단은 '무엇이 좋다 혹은 무엇이 나쁘다'와 같이 도덕적 명제의 형태를 취한다. 여기에서 가치 술어 '좋다/나쁘다'와 주어 '무엇'과의 관계 분석은 어떻게 가치가 결정되는가 하는 가치 판단의 과정을 함축한다. 바꾸어 말하면, 이것은 '가치는 가치 술어의 객관적 속성에 의해 결정되는가, 아니면 가치 속성은 경험적 속성으로 환원될 수 있는가' 하는 문제이기도 하다. 이는 한마디로, '가치 판단(당위)이 사실 판단(존재)으로부터 연역될 수 있는가' 하는 문제로 압축될 수 있다. '가치 판단이 객관적 이유나 근거를 가질 수 있는가' 하는 문제는 가치 판단에 관한 윤리학적 분석을 요구한다.

1. 가치와 사실의 단절

가치를 평가 대상의 사실적 근거에 기초하여 이끌어 내기보다는 평가자의 직관에 의지하는 직관주의와 가치를 평가자의 정서적 표현에 근거하는 것으로 보는 정의주의 윤리설이 이에 해당된다. 먼저 직관주의에 관해 살펴보면, 직관주의intuitionism는 가치 실재론에 근거를 두고 가치 판단의 진위를 밝힐 수 있다고 보는 이론으로서, 도덕적 가치는 사실 판단을 소재로 하여 간접적으로 파악되는 것이 아니라 인간의 선천적 능력에 의하여 직접적으로 파악된다고 주장하는 윤리 이론이다. 직관주의는 당위 내지는 가치에 관한 이론을 사실에 관한 명제를 전제로 간접적으로 추리해 내는 것이 아니라 모종의 선천적 능력을 동원하여 직접적으로 파악한다.

이러한 직관주의는 절대론적 윤리학설 혹은 가치 실재론에 바탕을 두고 있는 플라톤Platon, 아리스토텔레스Aristoteles, 아퀴나스T. Aquinas, 프라이스R. Price, 칸트I. Kant[17]로 이어지는 고전 윤리학자들과 관련되는 학설이며,[18] 이를 주장하는 대표적인 현대 윤리학자로는 무어G. E. Moore, 프리처드H. A. Prichard, 로스W. D. Ross를 들 수 있다. 이들의 공통된 주장은 선이나 옳음을 '보는 것seeing'의 문제로 간주하고, 선과 당위 같은 용어는 관찰할 수 있는 속성이나 관계로 나타낼 수 없으며, 가치 판단은 경험적 유형으로부터 추론할 수 없다는 것이다.[19]

직관intuition이라는 말의 어원은 '응시한다' 라는 의미를 지닌 라틴어의 intueor에서 유래한 것으로, 지적 과정으로서 '보는 것seeing'에 주어진 이름이다.[20] 따라서 직관주의자들은 선이나 옳음의 문제를 '보는 것'의 문제나 '속성을 파악하는 것'으로 이해한다. 이러한 '보는 것'의 과정은 두 종류의 방식으로 이해되어 왔다.[21] 하나는 도덕적 지식의 근거를 의심할 여지가 없거나 자명한 명제로부터 구하는 방식이다. 이것은 수학적 지식과 같은 자명한 '공리'에 바탕을 두고 도덕적 지식의 근거를 찾으려는 시도로서 플라톤이나 데카르트Descartes 등에 의해 받아들여진 것이다. 간단히 말하자면, 도덕적 지식도 수학적 지식과 같은 구조를 가져야 한다는 것이다.

수학적 지식, 특히 기하학에서 직관에 의해서 자명한 것으로 판명된 '공리'처럼 도덕적 지식 역시 '자명함'을 갖추기 위해서는 직관에 의해서 판명된 것이어야만 한다는 것이다. 따라서 도덕적 지식에도 수학에서의 '공리'처럼 직관적으로 자명한 '행위의 법칙'이나 '인간의 권리'가 있다는 것이다. 이와 같은 도덕적 지식에 대한 생각은 자연법 사상가들에 의해 '자유,' '재산,' '생명'에 대한 인간의 피할 수 없는 권리에 대한 신념으로 나타났으며, 최근에 로스 같은 윤리학자는 모든 도덕적 의무는 직관적으로 자명한 '약속은 지켜야 한다'와 같은 한정된 기본적인 일견적 의무prima facie obligation에 기초해야 한다고 주장하고 있다.[22] 다른 한 가지는 '선'과 같은 용어는 반성적 마음reflective mind에 의해 파악된 일종의 속성을 가리킨다고 가정하는 방식이다.[23] 이러한 입장을 대표하는 사람이 무어이다. 그는 선이 감각에 의해 파악할 수 없고, 분석할 수 없는 비자연적 속성non-natural unanalysable property을 나타내므로 그것을 정의할 수 없다고 주장한다.

무어[24]는 '선의 정의'에 관한 윤리학적 문제로부터 논의를 시작한다. 그에 의하면, 선은 본래 궁극적이며, 단순한 개념으로써 정의할 수 없다는 것이다.

> '선이란 무엇인가'에 대한 질문의 대답으로 '선은 선이다'라는 말밖에 다른 말이 있을 수 없다. 또는 이와는 달리 '선은 어떻게 정의할 수 있는가'에 대한 질문에는 '그것은 정의할 수 없다'라고 대답할 수밖에 없다.[25]

그는 이처럼 선을 더 이상 분석할 수 없는 궁극적이고 단순한 개념으로 이해하기 때문에 정의할 수 없다고 본다. 선악은 형이상학적 세계에 속해 있으므로 이를 경험적으로 파악하는 것은 불가능하며, 오직 직관에 의해서만 파악이 가능하다는 것이다. 이러한 무어의 견해는 선이나 악이 경험 안에서 파악할 수 있는 성질의 것이 아니라 초경험적인 성질의 것임을 의미한다. 선을 비자연적인 성질로 이해하였기 때문에 선악은 시간과 공간의 제약은 물론 인간의 주관적 감정이나 의지 같은 제약으로부터도 벗어나 있다. 따라서 가치는 직관적으로 인식할 수밖에 없다.

직관주의는 어떤 사물의 빛깔은 그 사물의 빛깔만 보면 알 수 있듯이, 어떤 사물이나 사태의 좋고 나쁨은 추리나 논쟁의 문제가 아니라 그 사물이나 사태에 관한 직관의 문제라고 주장한다.

> 내가 주장하는 요점은 마치 '노랑'이라는 말이 단순한 성질을 나타내는 것과 같이 '선'도 그와 같다는 것이다. '노랑'이 무엇인지를 모르는 사람에게는 어떤 방법으로도 그것을 설명할 수 없는 것과 마찬가지로 '선'이 무엇인지도 설명할 수 없다.[26]

우리가 개나리꽃을 보고 '개나리꽃은 노랗다'라고 할 때, 그것은 분석에 의한 것이 아니라 직관에 의한 판단이라 할 수 있다. 이와 마찬가지로 '선'은 마치 '노랑'과 같이 단순한 관념이라는 것이다. 이것은 '선'을 좋은 사물의 자연적 특성natural property의 하나로 생각하지 않는다는 것이다. '노랑'은 노랑 물건을 구성하는 여러 가지 자연적 요소의 하나이지만, '선'은 그 사물의 다른 모든 특성들의 필연적 결과로서 그 사물에 따르는 것[27]으로 형이상학적 세계에 속한다는 것이다.

선악은 형이상학적 세계에 속하므로 이를 경험으로 파악하는 것은 불가능하며, 오직 직관에 의해서만 파악이 가능하다. 이러한 무어의 견해는 선이나 악이 경험 안에서 파악할 수 있는 성질의 것이 아니라 초경험적인 성질임을 나타낸다. 선을 비자연적인 성질로 이해하였기 때문에 선악은 시간과 공간의 제약은 물론 인간의 주관적 감정이나 의지 같은 제약으로부터도 벗어나 있다. 이러한 그의 주장은 가치가 객관적으로 존재하고 있음을 의미한다. 다시 말해, 선과 같은 것은 실제로 객관적으로 존재한다는 것이다. 하지만 선은 노랑이나 쾌락과 같은 자연적 속성이 아닌 비자연적 속성이며, 시공간에 존재하는 것도 아니다. 따라서 가치는 직관적으로 인식할 수밖에 없다는 것이다.

프라이스는 가치 판단이 어떤 추리를 거쳐 이루어지는 결론이라는 주장을 배척한다. 그는 도덕 원리를 심리적 또는 생물학적 사실에 관한 지식으로부터 끌어내거나 초경험적인 인식으로부터 추리하려는 윤리설에 공감하지 못하고, 가치 판단은 그 행위의 결과와는 무관하게 직관적으로 내려진다고 주장한다. 프리처드의 견해 역시 어떤 상황에서 어떤 의무가 발생하는 것은 사고의 과정을 거쳐 이루어지는 것이 아니라 그 상황에 직접 직면함으로써 스스로 이루어진다고 주장한다.

> 그와 같은 이해는 즉각적인 것으로서 수학적 이해, 예를 들면 삼각형은 세 변을 지니고 있으므로 반드시 세 개의 각을 지니고 있어야 한다는 이해가 즉각적인 것과 완전히 똑같은 의미에서 그러하다. 그 두 경우에 있어서 주어에 대한 통찰을 통하여 그 주어가 그와 같은 술어를 지닌다는 것을 직접적으로 인식하게 된다는 의미에서 그 양자에 대한 이해는 즉각적이다. 그리고 그 경우에 이해한 사실이 자명하다고 말하는 것은 단지 그러한 사실을 두고 하는 이야기일 뿐이다.[28]

이처럼 직관주의는 존재 가운데 실재하는 도덕적 가치를 인간이면 누구나 가지고 있는 모종의 선천적 능력으로써 즉각적으로 파악할 수 있다고 한다. 다시 말해, 어떤 행위를 하기로 약속한 사실은 약속을 한 사람에게 그 행위를 해야 하는 것으로 의무지우는 것이며, 이는 직관에 의해 인식된다. 무어의 말대로 '노랑'이 자명하게 직관적으로 인식된다는 것은 우리가 '노랑'을 인식할 때 판단, 추리 등의 사유 과정을 거치지 않고 감각을 통하여 즉각적으로 파악한다는 것을 의미한다.[29] 어떤 사물의 빛깔은 그 사물의 빛깔을 보면 알 수 있듯이, '어떤 사태가 좋으냐 혹은 나쁘냐' 하는 문제도 추리나 논쟁으로 따질 성질의 것이 아니라 그 사태를 보고 즉각적으로 파악해야 한다는 주장이다.

사물의 빛깔이 자명하게 직관적으로 인식된다는 말은 우리가 빛깔을 인식할 때 판단, 추리 등의 사유 과정을 거치지 않고 감각을 통하여 즉각적으로 파악한다는 것을 의미한다. 이와 같이 도덕적 원리도 사실에 관한 명제를 전제로 간접적으로 추리해 내는 것이 아니라, 정상적 인간이라면 누구나 지니고 있는 선천적 능력을 동원하여 직접적으로 파악할 수 있다는 것이다. 만일 이러한 직관주의의 견해를 받아들인다면, 가치는 사실과 무관하므로 가치 판단의 진위를 가릴 만한 직관을 소유한 인격의 형성에 관심을 기울일 수밖에 없다. 가치 판단을 평가 대상에 관한 사실적 토대보다는 평가자의 직관에 의존함으로써 가치 판단의 문제가 개인의 자의적 판단이나 선호의 문제가 될 가능성이 많아진다. 따라서 이러한 직관주의적 관점으로부터 가치 판단의 논리적 구조를 객관적으로 이끌어 내는 것은 불가능해 보인다.

정의주의emotivism 역시 가치와 사실의 논리적 무관련성을 주장한다. 정의주의는 논리 실증주의의 분석적 방법론을 윤리학 내지 가치론에 적용함으로써 생긴 메타—학설로,[30] 이 학설에 의하면 가치 진술은 진위를 밝힐 수 없는 것이라는 입장에서 하나의 학學으로서 윤리학의 성립을 부정한다. 카르납R. Carnap과 에이어A. J. Ayer는 윤리학이 학문적 연구의 대상이 되려면 검증 가능성을 가져야 한다고 주장한다. 그런데 윤리적 언사는 한갓 발언자의 감정이나 느낌을 표현할 뿐 어떤 사실 정보를 제공해 주지 않는다는 점에서 윤리학은 학문이 될 수 없다고 그들은 주장한다.

에이어는 실제적인 일상 언어활동 안에서 윤리적 언사는 비윤리적 언사의 의미와 같지 않다는 무어의 견해에 동조한다. '선'과 같은 윤리적 개념들이 자연적 혹은 경험적 개념의 용어로 정의될 수 없다는 것은 이들 용어들이 사실적 개념이 아니라는 의미에서 옳다는 것이다.[31] 다시 말해, 'X는 붉다'와 'X는 좋다'라는 말은 그 의미에 있어 매우 다르다는 것이다. 왜냐하면 전자는 경험적으로 검증이 가능하지만, 후자는 그렇지 못하다는 것이다. 그러나 에이어는 도덕 판단과 같은 비자연적 속성을 직관에 의해 인식할 수 있다 하더라도 그 타당성을 검증할 방법은 없다고 주장한다. 즉, "갈등하는 직관들 중 어느 것이 옳은 것인지를 결정할 기준을 제공하지 않고 도덕 판단의 옳음을 직관적으로 파악할 수 있다고 주장하는 것은 가치 진술이 단지 심리적 관심의 문제일 수밖에 없다는 것이다."[32] 가치 판단은 검증 가능성을 지니지 못하며, 경험계의 현상을 기술하는 바가 없고, 다만 감정을 표명하거나 주위를 환기시키는 발언에 불과하다는 것이다.

> 어떤 명제에 윤리적 기호가 들어 있다 하더라도, 그러한 현상은 그 명제의 사실적 내용에 아무것도 보태지 않는다. … 내가 어떤 사람에게 "당신은 그 돈을 훔쳤으니 나쁜 행위를 하였소"라고 말할 때, 나는 단지 "당신은 그 돈을 훔쳤소"라고 말하는 것 이상의 아무것도 더 말하고 있지 않은 셈이다. 그 행위는 그릇되었다는 말을 덧붙임으로써, 나는 단지 내가 그것을 도덕적으로 시인하고 있지 않다는 감정을 표현하는 것일 뿐이다.[33]

도덕적 혹은 명령의 의미를 지닌 언사의 기능은 청취자의 감정 혹은 행동에 정의적 영향을 주는 것에 불과하며, 여기에는 어떠한 경험적 요소도 내포하고 있지 않다. 따라서 도덕적 명제는 경험적 명제로 환원할 수 없다.[34]

카르납의 경우, 가치 진술은 문법적 형식을 넘어선 명령에 불과하며 진위를 따질 수 있는 성질의 것이 아니다.[35] 도덕적 명제가 경험적 명제로 환원될 수 없다는 말은 도덕적 개념이 아무런 사실적 내용을 갖지 못하는 단순한 사이비 개념pseudo-concept임을 의미한다.[36] 사이비 개념의 도덕적 언사로 구성되는 진술은 진위를 가릴 수 없는 단순한 감정 표현에 불과하다. '당신은 돈을 훔침으로써 그릇되게 행동하였다' 라는 명제는 '돈을 훔쳤다' 라는 사실과 '돈을 훔치다니!' 같은 증오 감정을 내포한 '행동이 잘못되었다' 라는 감정의 표현이 결합된 것이다.[37] 즉, '옳지 않다' 라는 말은 '훔치는 것' 의 속성이 아니므로('옳지 않다' 라는 말은 자연적인 속성이 아니므로) '훔치는 것은 옳지 않다' 라는 말은 단지 발언자의 감정 표현에 지나지 않으며, 따라서 이러한 진술은 전혀 사실적 의미를 갖지 못한다는 것이다.

이것은 다른 사람이 '훔치는 것은 그릇된 것이 아니다' 라고 주장한다고 해서 논리적 모순은 아니라는 것이다. 왜냐하면 이 진술은 단지 태도의 표명일 뿐 어떠한 사실 정보를 제공해 주는 것이 아니기 때문에 그렇다는 것이다.[38] 그러므로 윤리적 진술에는 어떠한 사실적 주장이 포함되어 있지 않으므로 사실적 토론이 무의미하다는 주장이다. 이와 같은 정의주의의 입장은 가치문제에 대한 실제적인 논의를 부정하는 것이라고 볼 수 있다. 따라서 '선' 과 같은 윤리적 언사는 판단의 준거나 의의 있는 속성을 내포하지 않으므로 분석이 불가능하고, 또한 진위의 검증이 불가능하기 때문에 인식이 불가능하다. 만일 에이어의 분석에 미흡한 부분이나 오류가 전혀 없다면, 도덕적 명제는 분석될 수 없으며, 인지적 특성을 포함하고 있지 않으므로 도덕적 지식의 영역에서 다룰 수 없게 된다.

그러나 이러한 정의주의적 입장은 평가적 발언에는 발언자의 태도나 감정을 표현하는 정서적 의미를 포함하고 있다고 주장함으로써 윤리학의 발전에 많은 기여를 하였다고 볼 수 있다. 그렇다면 과연 도덕적 명제에 정의적 측면만 있고 인지적 측면은 없는지 살펴야 할 것이다. 스티븐슨C. L. Stevenson은 정의주의적 관점에서 분석 윤리학을 더욱 정교하게 다루고 있다. 그는 의견 대립이 생기는 경우를 두 가지 종류로 구분하고, 그 차이점에 주목한다. 하나는 소견의 불일치*disagreement in belief*에서, 다른 하나는 태도의 불일치*disagreement in attitude*에서 비롯된다는 것이다.[39] 예를 들어, 갑돌이는 '철수는 좋은 아이다' 라고 주장하고, 갑순이는 '철수는 나쁜 아이다' 라고 주장한다고 가정할 때, 이러한 판단은 소견의 불일치로 인해서 의견이 다를 수 있다는 것이다. 즉, 갑돌이는 철수가 공부도 잘하고 명랑하기 때문에 '철수는 좋은 아이' 라고 말할 수 있고, 갑순이는 철수가 공부는 잘하지만 친구들을 괴롭히는 나쁜 습관을 가지고 있으므로 '철수는 나쁜 아이' 라고 주장할 수 있다.

또한 철수에 대한 모든 사실들 — 공부도 잘하고, 명랑하고, 그렇지만 친구를 괴롭히고 등등 — 에서 견해가 일치한다 하더라도 어떤 사람은 철수에 대하여 긍정적 평가를 내릴 수 있고, 어떤 사람은 부정적 평가를 내릴 수 있다. 이것은 '사실' 에 관한 불일치라기보다는 '태도' 의 불일치로 인한 의견 대립인 것이다.

이처럼 사람들 간의 의견의 불일치는 윤리적 언사를 분석할 때 기술적 의미descriptive meaning와 정의적 의미emotive meaning를 고려해야 함을 의미한다. 이것이 함의하는 것은 평가적 언어에는 기술적 의미뿐만 아니라 정의적 의미가 있다는 것이다. 이와 같은 두 가지 종류의 의미는 스티븐슨이 **기초적 모형**이라 불렀던 것을 살펴봄으로써 분명해진다.

> (1) '이것은 잘못이다' 라는 말은 '나는 이것을 시인하지 않는다' : '너도 그렇게 생각하라' 는 말과 같은 뜻이다.
>
> (2) '그는 이것을 해야 한다' 는 말은 '나는 그가 이것을 하지 않고 내버려두는 것을 시인하지 않는다' : '너도 그렇게 생각하라' 는 말과 같은 뜻이다.
>
> (3) '이것은 좋다' 라는 말은 '나는 이것을 시인한다' : '너도 그렇게 하여라' 라는 말과 같은 뜻이다.[40]

위의 기초적 모형 (3)에서 '나는 이것을 시인한다' 라는 서술적 부분은 발언자의 태도 표명의 뜻을 전하며(이 부분에 인지적 요소가 포함되어 있다고 봄), '너도 그렇게 하여라' 라는 명령적 부분은 듣는 이의 태도에 영향을 미치는 정의적 의미와 비슷한 기능을 가졌다는 것이다.[41] 이처럼 가치 판단은 사실을 나타내는 것은 아니지만 말하는 사람의 태도를 기술하고 듣는 사람의 태도에 영향을 끼치는 두 요소를 포함한다는 주장으로 스티븐슨은 정의주의를 완화한다. 즉, 평가적 언어에는 정의적 의미만이 있는 것이 아니라 기술적 의미도 있음을 암시한다. 따라서 스티븐슨은 의견 불일치에 대한 해소 방법을 두 가지 측면에서 제시하고 있다.

소견의 불일치로 인한 의견 충돌은 합리적 방법에 의해 해결이 가능하다. 예컨대 갑돌이가 '철수는 좋은 아이' 라고 평가했을 당시에는 철수의 나쁜 점 ― 친구를 괴롭히는 것 ― 을 알지 못했을 수도 있다. 만약 갑돌이가 나중에라도 철수의 나쁜 점을 인식했을 경우에는 철수에 대한 평가는 달라질 수 있는 것이다. 이것은 갑순이의 경우에도 똑같이 적용된다. 이러한 인식의 확인은 합리적 방법을 통해 해결이 가능하며, 과학적 방법으로 진위의 검증이 가능하다.

그러나 문제는 태도의 불일치에 있다. 위의 예에서 두 사람 모두 철수에 관한 여러 가지 사실들에 대해 의견의 일치를 보인다 하더라도 두 사람의 의견은 달라질 수 있다. 즉, 철수에 관한 긍정적 측면의 사실들을 알고 있다고 하더라도 철수를 좋지 않은 사람으로 평가할 수 있고, 그 반대로 철수의 부정적 측면의 사실들을 알게 되었다 하더라도 철수를 좋은 사람으로 평가할 수 있다는 것이다. 바로 이것이 태도의 불일치이며, 여기에 윤리적 문제가 있다는 것이다.

태도의 불일치는 합리적 방법으로 해결하기 어렵다. 왜냐하면 같은 사실을 알고 있다고 하더라도 각자의 태도는 다를 수 있기 때문이다. 이러한 태도의 불일치를 해결하기 위해서는 비합리적 방법이 필요한데, 이것을 폭넓은 의미로 설득*persuasion*이라 부르고, 어떠한 윤리적 판단도 그 자체 설득적이라는 것이다.[42] 설득을 꾀하는 논객은 상대편의 소견을 변경함으로써가 아니라, '언어가 감정에 미치는 직접적인 영향력'을 통하여 그의 태도를 고치고자 한다.[43] 그러므로 견해의 일치에 도달하고자 한다면, 상대편이 굽힐 때까지 설득을 계속하여 자기의 정의를 정당화해야 한다. 그러한 정의를 설득적 정의*persuasive definition*라고 부르는데, 지금까지 윤리적 술어의 참된 정의를 내리려 했던 윤리학자들은 이러한 설득적 정의에 참여하였다고 볼 수 있다.

이와 같이 스티븐슨은 가치 판단이 태도를 표현하기 때문에 결코 진리도 아니고 거짓도 아니라고 주장한다. 가치 판단은 진리를 확립할 수 있는 이유를 제공한다고 생각되지만, 그것은 잘못된 생각이라는 것이다. 즉, 가치 판단의 진위는 검증할 수 없다는 것이다. 모든 가치 판단은 우리의 태도를 표현하고 환기시키는 방법으로 사용된다. 스티븐슨에 이르러 극단적 정의주의가 다소 완화되긴 했어도(가치 판단에는 사실적 요소가 있음을 인정하기 때문에), 그는 가치 판단에서의 인지적 의미보다는 정의적 의미에 비중을 두었다.

특히 윤리적 의견의 대립을 해소하기 위한 '설득'과 그것을 지지하는 '이유'와의 관계는 논리적이라기보다는 심리적인 까닭에 정당성을 문제 삼을 수 없다고 스티븐슨은 주장한다. 다시 말해, 사실적 전제로부터 평가적 결론에 이르는 과정에 대한 정당성을 따질 수 없다는 것이다. 스티븐슨 역시 에이어와 마찬가지로 윤리학 자체는 윤리적 발언에 대한 충분한 이유나 근거를 제공함으로써 행위를 정당화하고자 하는 노력을 부인하는 것으로 보았다. 이러한 정의주의의 관점에서 보면, 도덕적 명제는 분석할 수 없으며, 가치 진술은 진위를 가릴 수 없는 명제이고, 가치 판단은 단순히 감정의 표현에 지나지 않는다. 따라서 가치 판단은 인지적 요소를 포함하고 있지 않으므로 도덕적 지식의 영역에서는 다룰 수 없게 된다.

2. 사실로부터 가치의 도출

자연주의naturalism는 가치를 인간 외적인 어떤 원리에 의해서 요구되는 것이 아니라 인간의 자연적 속성, 예컨대 쾌락 혹은 욕구 등으로 설명하고, 당위의 근거를 경험적 사실에서 구하려는 윤리 이론이다. 즉, 자연주의는 가치 실재론을 부인하고, 가치는 대상과 그것에 대한 유정자sentient being의 마음가짐과의 관계를 통하여 생기는 경험 안의 사실[44]이라고 보는 학설이다. 이러한 자연주의의 대표적 학파가 공리주의utilitarianism이다. 이 학파에 의하면, 인간의 행위는 모두 쾌락과 고통이 원인이 되어 이루어진다.

벤담은 심리학적 명제(사실)로부터 윤리학적 명제(가치)를 이끌어 낸다. 사람의 심리가 쾌락을 좇고, 쾌락을 조장하는 행위를 찬양하는 자연적 경향을 가졌다는 심리학적 명제가 쾌락을 도덕의 근본 원리로 삼는 이론적 근거가 된다고 믿었다.[45] 그는 심리학적 사실의 원리인 유용성의 원리로부터 마땅히 해야 할 도덕적 명제를 도출한다. 모든 사람이 항상 쾌락을 추구하고 있다는 사실로부터 쾌락을 마땅히 추구해야 할 것으로 믿고 최대 다수의 최대 행복 the greatest happiness of the greatest number을 추구했던 것이다.

> 최대 행복의 원리에 의하면… 그것에 관하여, 그것에 의하여 다른 모든 것들이 바람직한 것이 되는 (우리가 우리 자신의 선을 고려하고 있거나 아니면 타인들의 선을 고려하고 있거나 간에) 그 궁극적 목적은 가능한 고통이 면제되고 즐거운 일이 풍성한 사태가 존재하는 일이다.[46]

이 원리는 "관계되는 모든 사람의 '행복'이 유일하게 옳고 타당하며 바람직한 인간 행동의 목표임을 선언하는 원리"[47]라고 주장한다. 벤담의 이러한 주장은 인간의 본성에 기초하여 하나의 경험적 원리로서 도덕 원리를 도출하고 있다. 즉, 인간의 심리가 고통을 멀리하고 쾌락을 추구하는 경향을 가졌다는 심리적 명제로부터 '유용성의 원리'인 도덕적 원리를 이끌어 내고 있는 것이다. 그런데 여기에는 '무엇을 위한 유용성인가'라는 문제가 제기된다. 이에 대하여 벤담은 본래적 가치로서 '쾌락'을 제시하고 있다. 즉, 쾌락이 유용성의 기준이 되는 것이다. 따라서 벤담에게 있어서 선은 '쾌락'이다. 그런데 벤담에게 있어서 쾌락은 한 가지 종류밖에 없다. 그는 쾌락이 양적으로만 차이가 있을 뿐 질적으로는 차이가 없다고 보는 양적 쾌락주의자이다. 그러면서 그는 쾌락을 계산하는 법을 제시하고 있다.[48]

벤담은 형이상학적 원리로부터 '행복'을 이끌어 내었던 형이상학적 윤리론자들과는 달리 인간의 심리적 사실로부터 '쾌락'을 이끌어 내고 있다. 그러므로 벤담의 입장에서 가치 판단을 내릴 때에는 어떤 행동이 실현되었을 때 그것이 쾌락을 주는가 혹은 그렇지 않은가 하는 것이 가치 판단의 준거가 된다. 따라서 가치 평가자는 가치 판단을 하기 전에 이 행위의 결과를 고려해야 할 것이다. 이러한 관점에서 공리주의를 '결과주의'라고 부르기도 한다.

이러한 벤담의 주장은 칼라일T. Carlyle의 이타적 공리주의[49]를 거쳐, 밀J. S. Mill에 의해 더욱 발전된다. 벤담이 양적 쾌락주의를 주장한 반면에, 밀은 쾌락이 양적으로 구별되는 것이 아니라 질적으로 구별된다는 질적 쾌락주의를 주장한다.

단 하나의 명확한 행동의 준칙, 혹은 도덕의 기준은 최대의 행복이다. 그러나 무엇보다 먼저 행복의 철학적 평가가 요청된다. 행복의 양 못지않게 질의 문제가 고려되어야 하며, 질적으로 높은 소량의 쾌락이 질적으로 낮은 다량의 쾌락보다 더 바람직하기 때문이다. 질에 관한 평가는 두 가지 쾌락에 모두 익숙한 사람들이 할 수 있는 일이다. 소크라테스는 만족한 돼지가 되기보다는 불만 있는 소크라테스가 되고자 할 것이다. 그러나 돼지는 아마 불만 있는 소크라테스가 되기를 원치 않을 것이다. 왜냐하면 돼지는 쾌락의 한 가지 측면, 즉 양적 차이밖에 모르지만, 소크라테스는 두 가지 측면을 다 알기 때문이다.[50]

밀은 만족한 돼지보다는 불만족한 인간이 되고자 하는 인간의 본성을 바탕으로 질적인 쾌락주의를 이끌어 내고 있다. 정상적인 인간이라면, 고통이 따른다고 하더라도 그 고통 뒤에 행복이 있다면 그 고통을 감수하고 극복하고자 한다는 것이다. 왜냐하면 그러한 고통 뒤에는 더 큰 행복이 있기 때문이다.

이것을 '불행이 닥칠 위험을 무릅쓰고서라도 일시적 쾌락을 추구할 것인가' 라는 문제로 바꾸어 보면 대답은 간단하다. 예컨대 '일시적 쾌락을 위해 혼전 성관계를 가질 것인가' 라는 문제로 전환해 본다면 대답은 명확해질 것이다. 그러므로 밀에 이르러서 선은 쾌락보다는 '행복' 쪽에 가깝다고 볼 수 있다. 따라서 가치 판단의 준거는 벤담의 '쾌락' 에서 밀의 '행복' 으로 발전된다고 볼 수 있다. 이처럼 밀은 어떤 사물이 바람직하다는 것을 밝히기 위하여 제시할 수 있는 유일한 증거는 사람들이 실제로 바란다는 사실뿐이며, 사람들이 바라는 것은 각자의 쾌락 또는 고통의 면제이므로, 각자의 쾌락(행복)은 자신에게 바람직한 것, 즉 '선' 이라는 것이다.[51] 그리고 그는 쾌락의 질적 차이를 인정하고, 인간이 바라는 행복이 단순히 양적으로 많은 쾌락이 아닌 질적으로 높은 쾌락임을 입증하고자 하였다.

이외에도 선을 '인간이 욕구하는 것' 으로 이해하는 홉스T. Hobbes의 이론과,[52] 시즈위크H. Sidgwick의 보편적 쾌락주의, 라슈달H. Rashdall의 공평의 원리 등이 있다.[53] 고전적 자연주의자들은 가치나 당위의 근거를 인간이면 누구나 욕구하는 경향성을 지닌 경험적 사실로부터 이끌어 내고 있다. 가치 판단의 근거를 '경험적 사실'에 둔 것은 가치 판단의 객관성 확보에 도움을 준다. 따라서 가치 판단은 사실 판단에 의존하게 되므로, 사실을 제대로 판단하지 못할 때 그릇된 판단을 내릴 수 있다. 또한 사실 판단에 토대를 둠으로써 가치 판단을 공적인 논의로 발전시킬 수 있다. 논의하고자 하는 가치문제를 공적인 논의를 거쳐 합의된 하나의 가치 판단으로 이끌어 낼 수 있다는 것이다. 따라서 이러한 가치 판단은 근거 있는 이유에 바탕을 두고 있으므로 개인의 견해나 변덕의 대상이 되지 않는 객관성을 확보할 수가 있는 것이다.

그러나 이러한 자연주의에는 '모든 사람은 쾌락을 원한다' 는 심리적 사실로부터 '따라서 선은 쾌락이다' 라는 결론을 연역할 수 있는가 하는 문제가 발생한다. 흄D. Hume은 도덕 판단은 자체에 도덕 판단이나 원리를 포함하고 있지 않은 어떠한 전제로부터 연역될 수 없다고 주장한다.[54] 자연주의는 이 점을 간과하고 있다는 것이다. 예를 들면, 자연주의적 입장에서는 '끝이 뾰족한 막대기로 사람을 찌르는 것은 옳지 않은 것이다,' '왜냐하면 그렇게 행동하는 것은 사람에게 고통을 주기 때문이다' 라고 판단을 내릴 수 있다. 얼핏 보면, 이것은 그럴듯하지만 논리적 모순을 범하고 있다는 것이다.

'옳지 않다' 라는 판단은 가치나 당위를 나타내는 말이며, '막대기로 찌르는 행위는 고통이다' 라는 판단은 사실이나 존재를 나타내는 것으로 두 영역은 다르다는 것이다. 이것이 의미하는 것은 사실이나 존재로부터 가치나 당위를 연역할 수 없다는 것이다. 즉, 사실에 관한 판단을 아무리 분석한다 해도 그 안에 가치나 당위의 요소는 찾아낼 수 없다는 것이 흄의 주장이다. 따라서 가치 판단의 정당한 대전제 구실을 할 수 있는 것은 가치 판단뿐이다.[55] 그러므로 '인간에게 고통을 주는 것은 바람직하지 않다' 라는 가치 판단이 전제가 되어야만 한다. 이와 같은 논리적 모순을 무어는 자연론적 오류naturalistic fallacy[56]라고 불렀다. 이러한 고전적 자연주의의 입장은 페리R. B. Perry나 샤프F. C. Sharp 같은 현대 자연론자[57]들에 의해 맥이 이어진다.

현대 자연주의 윤리학자들 중 한 사람인 페리는 감정, 욕구, 의견 등의 마음가짐을 묶어서 관심interest이라 표현하고, 가치를 '모든 관심의 대상' 으로 정의하였다. 즉, 가치는 관심이 작용하는 곳에 생기게 마련이며, 관심이 없는 곳에 가치는 없다는 것이다. 따라서 'X는 값지다 = X는 관심을 받고 있다' 라는 등식이 성립한다는 것이다.[58] 페리의 이와 같은 정의는 가치가 인간의 마음가짐과 어떤 관계에 있는가를 밝히려는 시각에서 가치를 정의하고 있는 것이다. 이것은 대상과 평가자 간의 '관계' 속에서 가치가 성립될 수 있다는 생각을 출발점으로 한다. 즉, 가치는 대상 자체의 성질이나 평가자만의 기호의 문제만은 아님을 의미한다. 이처럼 가치를 대상과 주체의 관계로 파악하려고 한 점은 가치를 평가자의 주관을 벗어나 평가자의 관심의 유무라는 객관적 사실에 근거하게 함으로써 가치 상대주의를 극복할 수 있게 한 견해라고 볼 수 있다.

페리는 이러한 가치에 대한 정의를 바탕으로 도덕적 선을 밝히고자 한다. 그는 도덕의 형성을 위해서는 관심의 충돌이 있어야 하며, 관심의 충돌을 조화시키는 것을 도덕이 해야 할 일로 보고, 도덕은 관심의 조화로운 통일을 추구해야 한다고 보았다. 따라서 도덕적 선은 조화롭게 짜인 관심들이 대상에 부여하는 특성으로 보고 있다.[59] 이러한 페리의 주장을 프랑케나W. K. Frankena는 다음과 같이 정리한다.

'좋은' 은 '호의적 관심의 대상인' 을 의미한다.

'옳은' 은 '조화로운 행복에 기여하는' 을 의미한다.[60]

이러한 개념 정의는, 벤담이나 밀이 주장하는 것처럼, 가치 판단이 사실 판단으로 환원 가능하다는 것을 보여 준다. 즉, 'X가 좋다' 라는 말은 'X는 호의적 관심의 대상이 되고 있다' 는 뜻이며, 'Y가 옳다' 라는 말은 'Y는 조화로운 행복에 기여한다' 라는 뜻을 의미한다. 그러므로 가치 판단의 진위는 밝힐 수 있는 것이며, 그 방법은 사실 판단을 통해서 가능하다는 것이다. 페리의 이러한 주장들의 정당성이 확고하게 인정된다면 윤리학은 과학으로서 기반을 다질 수 있을 것이다. 샤프도 페리와 유사한 주장을 하고 있다. 그는 '좋은' 이 '심사숙고해서 욕구된' 을 의미한다고 보고, '옳은' 은 '비개인적 관점을 취했을 때 욕구된' 을 의미한다고 보고 있다.[61] 샤프도 페리와 마찬가지로 가치 판단이 사실 판단으로 대체 가능하다고 본다. 즉, X가 좋은지 어떤지는 그것이 요구되고 있는지 어떤지를 확인함으로써 그 진위를 검증할 수 있다는 것이다.

듀이 역시 가치가 객관적으로 실재한다는 입장에 반대하고, 대상과 인간의 마음가짐이 관계하는 곳에 가치가 발생한다고 주장한다.[62] 가치는 선험적 특질이 아니라 인간의 마음가짐의 산물로서 일정한 조건 하에서 경험을 통해 발생한다는 것이다. 그는 가치문제를 과학적으로 다루기 위하여 주어진 대상의 가치를 객관적 기준에 의하여 결정하는 평가 개념을 도입한다. 평가라는 것은 문제 상황의 지각과 더불어 시작된다. 이러한 불완전한 상황(문제 상황)에 처하게 되면 인간은 능동적 행동을 통해 스스로 불완전한 요소를 제거하기를 원하며, 탐구라는 하나의 실험적 문제 해결 과정을 시도하게 된다는 것이다.

주어진 상황을 살피고, 여러 조건들을 고려하여 가능한 방법들을 생각해 내고, 각각의 방법이 가져올 결과를 예견하여 서로 비교해 보는 과정을 거치게 되는 과정이 평가이다. 평가는 가치 판단에 이르기 위한 숙고와 반성의 작용으로 볼 수 있다. 따라서 듀이에게 있어서 평가 행위야말로 가치의 시발점이 된다. 그리고 평가 행위는 반드시 지성의 사유 작용을 거쳐야 한다. 왜냐하면 평가의 객관성을 확보하기 위해서는 개인의 주관을 배제해야 하기 때문이다. 그는 지성의 사유 작용을 통한 평가만이 가치의 객관성을 보장한다고 본다. 평가의 객관성은 평가의 대상 속에 포함되어 있는 객관적 사실을 전제한다.

평가 대상에 포함되어 있는 객관적 사실을 토대로 가치 판단이 이루어질 때 개인의 주관성을 배제할 수 있다는 말이다. 평가는 평가 대상에 대한 개인의 주관적 의견에 의해 내려지는 것이 아니라 평가 대상에 대한 사실에 기초하여 내려진다는 것을 의미한다. 듀이는 평가도 자연과학적 판단과 같은 논리적 성격을 가진 일종의 가치 판단임을 실천 판단이라는 개념으로 입증하고자 하였다.[63] 이러한 관점에서 가치 판단도 과학적 사실 판단과 마찬가지로 구체적 맥락 안에서 진위를 검증할 수 있다.

이와 같은 도덕적 명제는 정의주의 입장과는 대조적이다. 앞의 논의에서 알 수 있듯이, 정의주의는 도덕적 명제에서 사실적 요소를 배제한 채 감정적 요소만을 강조했다. 그러나 자연주의 윤리 이론에서 도덕적 명제는 사실적 요소를 강조하고, 사실 혹은 존재로부터 가치를 이끌어 낸다. 이러한 자연주의 윤리의 관점을 통해 가치 판단은 사실 판단으로 환원될 수 있으므로, 가치 판단의 진위를 밝히는 방법도 사실 판단의 경우와 다르지 않다. 가치 판단의 근거는 직관주의에서처럼 기존의 가치나 선험적 이유가 아닌 도덕적 사고 과정을 통해 제시된다. 그리고 이때의 도덕적 사고 과정은 학생들에게 문제 상황(도덕적 문제 사태)을 제시하고, 그 문제 사태를 해결하기 위한 지성의 사유 작용과 숙고의 과정을 말한다. 그러나 여기에서 가치 판단은 결국 가치 대상에 관한 사실 판단을 의미한다고 볼 수 있다. 그렇다면 자연주의에서처럼 가치 판단을 사실 판단과 동일하게 취급하는 것이 정당한가 하는 문제가 제기된다. 이 문제는 곧 가치 판단이 사실만을 토대로 내려질 수 있는 것인가에 대한 문제이며, 이는 가치 판단의 정당성에 관한 문제이기도 하다.

3. 가치와 사실의 수반적 관계

앞에서 고찰했듯이, 정의주의자들은 가치 판단에서 정의적 요소만 인정할 뿐 사실적 요소는 배제하기 때문에 가치 인식이 불가능하다고 주장한다. 스티븐슨의 윤리 이론은 에이어와 카르납의 정의주의 윤리 이론보다는 덜 극단적이면서 정당 근거론으로 넘어가는 과도기적 단계에 있다. 스티븐슨은 인식주의를 부정한다. 그러나 평가적 언어에는 정의적 의미만 있는 것이 아니라, 서술적 의미도 있음을 암시하면서 정의주의를 완화한다. 그는 윤리적 언사가 정의적 특성으로 규정된다 하더라도 이에 대한 심리적 과정을 면밀히 분석한다면 감정적–정의적 특성에서 인지적 특성을 발견할 수 있다는 것이다.

주지하다시피, 논리 실증주의의 영향을 받은 정의주의 학파는 가치 판단을 단지 감정이나 태도의 표명에 불과하거나 혹은 명령이나 자의적인 결단에 불과한 것으로 간주한다. 반면에 분석 철학,

특히 비트겐슈타인L. Wittgenstein의 언어 분석 철학의 영향을 받은 일상 언어 학파에서는 가치 판단이 평가하고 권유하며 규정하는, 그 본질상 합리적 행위이며, 합리적으로 정당화되거나 정당화될 수 있다고 주장한다. 또한 전자는 가치 개념의 정의에 관심을 갖는 반면에 후자는 도덕적 추론의 본성과 한계의 규명에 관심을 둔다.[64] 다시 말해, 일상 언어 학파는 '어떤 행위나 가치 판단을 지지하거나 반대하는 이유에 대하여 어떠한 경우에 정당한 이유나 근거가 될 수 있는가'에 대한 문제에 관해 논의한다.

이러한 일상 언어 분석 철학자들의 이론을 정당 근거론theory of good reasons이라고 하며, 여기에 속한 학자로는 툴민S. E. Toulmin, 베이어K. Baier, 싱어M. Singer, 헤어R. M. Hare 등이 있다. 이들의 공통된 주장은, 도덕 판단에는 정의적 의미만 있고 서술적 의미가 내포되어 있지 않아 가치 판단은 무의미한 발언이므로 윤리학적 인식이 불가능하다는 초기 극단적 정의주의자들의 주장에 반대한다. 대신에 가치 판단은 정당한 이유나 근거에 의해 지지될 수 있으므로 윤리학적 인식이 어느 정도 가능함을 밝히고자 한다.

메타 윤리학에서 정당 근거론은 오늘날 가장 많이 논의되고 있는 유형이며, 툴민의 저서 『윤리학에 있어서 이성의 지위에 대한 연구*An Examination of the Place of Reason in Ethics*』는 이러한 접근을 사용한 첫 번째 주요 작품이다. 그는 윤리학의 중심 문제를 '어떤 이유가 도덕 판단에서 진정으로 수용할 가치가 있는 것인가'에 두고, 이성의 지위와 기능을 확인하고자 한다.[65] 즉, 이것이 '정당한 윤리적 논증이냐' 또는 '부당한 윤리적 논증이냐'를 구분하기 위해서는 '이성'을 활용하여 정당한 근거를 발견해야 한다는 것이다.

단순한 언어 게임에 대해서조차 '정당한 근거'와 '부당한 근거,' '타당한 추론'과 '부당한 추론'을 이야기하는 것이 무의미한 것이 아니라면, 하물며 수학, 과학, 윤리학, 미학과 같은 중요한 분야에 있어서… 우리가 사용하는 논증에 대해 그러한 이야기를 하는 것이 무의미하다고 할 수 있겠는가![66]

툴민에 의하면, 인지적 관점에서 어떤 것이 옳다고 주장하는 것은 그것에 대한 타당한 근거를 주장하는 것이다.[67] 따라서 도덕적 추론에 포함된 타당한 이유를 통해서 정당화에 접근하고자 한다. 이를 위해 그는 도덕 판단의 기능을 검토한다. 그는 일상적인 언어 사용에서 발견되는 도덕적 진술의 기능은 모든 사람의 목적과 욕구를 가능한 한 양립 가능하도록 성취하는 방식으로 우리의 감정과 행동을 상호 조정하는 데 있다고 본다. 즉, 우리의 감정과 행동을 조정하는 것이 도덕적 진술의 기능이라면, 도덕적 추론 역시 감정과 행동을 조화시키는 기능을 수행하는 것이어야 한다. 따라서 도덕적 진술이 이 같은 조정 역할의 측면에서 이유를 제공한다면, 정당화가 가능하다. 이러한 이유는 보통 쾌락, 평화, 행복[68] 등과 관련된 사실적 진술이므로, 사실적 진술로부터 당위적 진술을 정당화하고 있다. 이러한 관점에서 그는 사실적 전제에서 평가적 결론으로 넘어갈 수 있는 논리적 근거를 인정한다.[69]

도덕적 담화에 대한 툴민의 접근은 무어와 스티븐슨의 윤리 이론의 난점을 극복하고자 하였다. 먼저, 그는 무어의 이론을 비판한다. 무어는 직관 이외에는 다른 어떤 것으로도 가치 판단의 진위를 식별할 수 없고, 도덕적 직관은 도덕적 특성에 기초한 객관적 근거를 가지고 있다고 주장한다. 이와 같은 무어의 주장은 도덕적 행위자의 욕망과 의지와는 별도로 도덕적 특성을 인정하는 것이다. 이러한 무어의 주장에 대해 툴민은 맹목적이고 무기력했다고 비판한다. 또한 스티븐슨이 도덕 판단은 사람의 태도에 따라 달라질 수 있다고 편협한 주장을 한 데 대해 툴민은 이를 자의적이며 주관적이라고 비판한다.[70]

스티븐슨은 도덕 판단이 부분적으로는 태도의 표현이고, 부분적으로는 명령문의 성격을 띠는 것으로 보았다. 스티븐슨은 이 중에서 후자를 훨씬 더 강조하였다고 볼 수 있다. 그러므로 도덕 판단의 진위를 입증하는 문제는 단순히 말하는 사람이 대상을 향해 어떤 태도를 갖느냐 또는 그렇지 않느냐를 보여 주는 것이다. 따라서 스티븐슨이 도덕적 추론에 대한 정당성을 거부한 이유는, 도덕 판단은 근본적으로 사실이거나 거짓일 수 없다는 신념 때문이다.[71]

그러나 툴민은 스티븐슨의 이러한 입장에 대해 비판한다. 도덕 판단에 관한 진위의 검증 문제는 언제나 엄격하고 의미 있는 것이며, 이것을 지지하는 '정당한 이유와 그렇지 못한 이유' 사이에는 차이가 있다고 주장한다.[72] 다시 말해, 사실적 전제로부터 도덕적 결론을 도출하는 도덕 판단에 관하여 당연히 정당성을 말할 수가 있으며, 비록 도덕 판단이 어떤 것도 언급해 주지 않는다 하더라도 도덕 판단의 진위는 물론 서로가 서로를 반박할 수 있다는 것이다. 따라서 윤리학자들이 해야 할 일은 도덕적 언사에 대한 논의가 아니라 도덕적 추론에 관한 논의여야 한다는 것이다.

툴민은 도덕적 추론에서 사실에 근거하여 윤리적 판단을 도출할 수 있는 추론 — 그는 평가적 추론evaluative inference이라 부름 — 을 사용한다.[73] 그는 도덕적 추론에 포함되어 있는 정당한 이유를 통해서 정당화에 접근하려는 방법론을 모색한다. 평가적 추론은 부분적으로 논리적 추론과 귀납적 추론 그리고 윤리적 논증에 고유한 추리 형식으로 구성되는 윤리적 논증을 말하는데, 그것에 의하여 사실적 근거에서 윤리적 결론으로 나아갈 수 있다는 것이다.[74] 즉, 가치 판단과 사실 판단 간에는 엄격한 함축 관계는 없지만, 보다 완화된 관계가 있어 사실 판단에서 가치 판단으로 추리가 가능하다는 것이다. 이처럼 툴민은 사실 판단에서 가치 판단을 이끌어 내는 그러한 추리의 타당성을 좀 너그러운 의미에서 인정할 수 있다는 주장이다. 예컨대 '모든 생명은 자기의 보존을 희구한다' 와 '우리는 모든 생명을 존중해야 한다' 사이에는, '나팔꽃은 아침에 핀다' 와 '나팔꽃은 화분에 심어선 안 된다' 사이에서는 찾아볼 수 없는 어떤 논리의 연관성이 있지 않겠느냐는 것이다.[75]

이처럼 가치 판단을 발언자의 단순한 정서적 표현으로 간주했던 정의주의자들과는 달리, 툴민은 가치 판단이 정당한 이유를 근거로 할 때 객관적일 수 있다고 주장한다. 툴민에 의하면, 여기에서 정당한 이유는 닫힌 상태가 아니라 열려 있는 상태로서 더 만족스러운 것으로 나아갈 수 있는 것이어야 함을 시사하고 있다.

> 우리가 윤리 판단의 기능을 생각해 볼 때, 어떤 사람이 나에게 왜 그것들이 '정당한 근거인가' 라고 묻는다면, 나는 단지 '당신이 원하는 더 나은 근거들은 무엇인가' 라고 물음으로써 답변할 수 있다는 것이 자연스럽고 일리 있는 것으로 생각된다.[76]

툴민의 이러한 생각은 가치 판단에 대한 정당한 근거를 제시함으로써 그것의 객관적 인식이 가능함을 밝히고자 한 것이다. 툴민은 가치 판단에 대한 객관적 인식은 그것을 지지하는 정당한 이유가 제시될 때 가능하다고 보았다. 이와 같이 가치 판단에 대한 정당한 이유를 제시한다는 것은 가치를 결정함에 있어 정당한 근거를 마련하는 과정을 요구한다. 이러한 정당한 근거를 마련하는 과정이 곧 가치 판단을 정당화하는 것이 된다. 그리고 만족할 만한 근거를 얻기 위해 툴민은 제시한 근거에 대한 정당성의 근거를 물을 수 있도록 이에 대한 논의를 열어 놓는다. 다시 말해, 정당한 근거에 대한 개방된 논의를 시사함으로써 가치 판단에 대한 도덕적 논의를 허용하는 근거를 마련한다. 그렇다면 이러한 정당한 근거는 어떤 조건을 요구하는지 베이어와 싱어의 견해를 더 들어보자.

베이어에 의하면, '나는 무엇을 해야 하는가' 라는 물음은 '해야 할 최상의 것은 무엇인가' 라는 물음과 같은 의미이며, '해야 할 최상의 것' 은 '최상의 이유에 의해 지지되는 것' 을 의미한다.[77] 그리고 도덕 판단의 정당성을 주장하기 위해서는 도덕적 관점moral point of view을 취해야 되는데, 도덕적 관점을 취했다고 할 수 있는 조건은 이기적이지 않고, 원칙에 의거해서 일을 행하며, 자신의 원칙을 보편화할 수 있으며, 그렇게 하면서 모든 사람의 선도 똑같이 고려해야만 한다는 것이다.

그는 어떤 행위가 옳은 것이 되기 위해서는 가역성reversibility의 조건을 만족시켜야 한다고 주장한다.[78] 즉, 주는 편에 있는 사람이 받는 편에 있는 사람과 입장을 바꿔도 좋은 경우라고 생각하는데, 이것은 우리가 약속을 한 상대방이 약속을 어겨도 좋다는 생각을 받아들일 수 있다면 약속을 어기는 일이 허용될 수 있음을 의미한다. 이것은 서로 입장을 바꾸어 생각해 보아야 한다는 역지사지의 관념을 주장하는 것이다.

싱어도 가치 판단이 발언자의 단순한 감정 표현이라고 주장하는 정의주의 입장에 반대하며, 진정한 도덕 판단은 그것의 근거가 되는 이유와 관련을 맺고 있어야 한다고 주장한다.[79] 'X는 옳다' 는 진술이 그것을 지지해 주는 이유와 관련되어 있지 않으면 주관적 견해에 지나지 않는다. 따라서 이유에 의해 지지되지 않는 도덕적 진술은 진정한 의미에서의 도덕 판단이라 할 수 없고, 발언자의 단순한 감정 표현일 뿐이라는 것이다. 그러나 가치 판단을 지지하는 이유를 제시할 수 있다면, 그 판단은 객관적이라는 것이다. 그의 도덕적 추론은 일반화 논증*generalization argument*을 중심으로 전개된다. 그리고 일반화 논증은 도덕 원리로부터 연역되며, 도덕 원리는 일반화 원리generalization principle를 전제한다. 일반화 원리는 "한 사람에게 옳은 것은 비슷한 처지에 있는 비슷한 사람에게는 누구에게나 옳다"라는 원리로서, 모든 도덕 판단에 포함되며, 도덕적 추론의 핵심적 위치에 있다는 것이다.[80]

도덕 판단을 지지하는 이유는 유사성에 호소, 사실에 호소, 도덕률에 호소, 결과에 호소 그리고 일반화 원리에 직접 호소한다.[81] 유사성에 호소하는 것은 도덕 판단을 주장하는 이유로 유사성을 제시함으로써 그것을 지지한다. 예를 들면, '그렇게 한 것이 당신에게 옳았기에 내가 그렇게 하는 것도 옳다.' 사실에 호소하는 것은 도덕 판단에 대한 사실적 진술과 도덕률을 이유로 제시할 수 있다. 예를 들면, '이 연필은 좋다' 라고 한다면, 이에 대해 '이 연필은 부러지지 않고, 오래 쓸 수 있다' 라는 사실을 제시할 수 있다.

이때 단지 사실의 제시가 곧바로 가치 판단과 관련되는 것은 아니다. 사실은 가치 판단과 연결될 수 있는 도덕 원리와 관련을 맺어야만 한다. 논리적 오류를 피하기 위해서는 '부러지지 않고 오래 쓸 수 있는 연필은 좋다' 라는 가치 원리와 관련을 맺어야만 한다는 것이다. 또한 '도둑질하는 것은 옳지 않다' 라는 판단에 대하여 '도둑질하지 마라' 라는 도덕률을 제시할 수 있을 것이다. 또한 결과에 호소할 수도 있다. 도덕 판단의 근거로서 어떤 행위의 결과가 바람직하거나 그렇지 못하다는 이유를 제시할 수 있다. 그리고 일반화 원리에 직접 호소하기도 한다.

이들의 주장으로부터, 정당한 근거가 되려면 도덕적 관점을 취해야 하며, 정당한 근거는 일반화 원리의 조건을 충족시켜야 함을 알 수 있다. 또한 가치 판단의 논리는 가치 판단과 사실 판단 간에는 가치 원리가 관련을 맺어야 한다는 것이다. 따라서 이러한 주장들은 가치를 결정할 때 추론 과정이 고려되어야 함을 시사한다.

여기에서 간과해서는 안 될 중요한 것은 정당한 근거로서 제시되는 이유들은 행위자 자신이 선택하고 결단해야 한다는 점이다. 가치 판단에 대한 이유는 외부에서 주어질 수 있고, 자신이 제시할 수도 있다. 그러나 가치 판단의 최종 결정자는 행위자 자신이다. 그러므로 행위의 주체로서 이유를 선택하고 가치 원리를 결단하는 것은 행위자 자신의 문제이다. 이에 대한 헤어의 견해를 경청할 필요가 있다.

헤어[82]는 자연주의자들의 가치 판단의 논리적 오류를 지적하고, 가치 판단의 형식 논리적 정당화를 위해 노력한다. 그는 평가 대상에 관해 아무리 많은 사실 정보들이 있다 하더라도 그것이 곧바로 가치가 될 수는 없으며, 전제에 포함되어 있지 않은 가치를 결론에서 도출한다는 것은 논리적 타당성을 유지할 수 없음을 분명히 한다.[83]

헤어는 가치어의 의미와 기준의 구별을 통해 분석을 시작한다.[84] 예컨대 '좋다' 라는 말은 모든 부류에 걸쳐 권장의 기능이 있고, '좋다' 라는 말 속에 포함되어 있는 '좋게 만드는 특성' 은 각 부류마다 다르다는 점을 밝힌다. 그리고 이러한 사실로부터 우리가 내리는 가치 판단에는 은연중에 각 부류마다 좋음의 기준이나 평가의 표준이 있으며, 이때 좋음의 기준이나 평가의 표준은 비교 부류를 전제함을 인정한다.

헤어는 자연주의가 자연주의적 오류를 범한 이유로 가치 판단을 일종의 사실 판단으로 보고 가치 언어의 평가적 의미를 간과한 데 있다고 보았다.[85] 가치 언어의 평가적 의미는 권장 또는 비난하는 기능을 가지고 있으며, 가치 술어는 단순히 사실을 진술하는 것이 아니라고 대상을 평가하고 기술한다는 것이다. 예컨대 '철수는 착한 아이다' 라고 했을 때, 이는 철수에 대한 사실만의 기술이 아닌 철수를 칭찬하는 의미도 포함한다. 이것은 가치 언어가 가치중립적인 정보만을 제공하는 것이 아니라 비난하고 권장하는 기능도 갖는다는 것이다. 이것을 헤어는 윤리적 언어의 규정적 특성으로 본다. 이러한 점에서 헤어는 비인식주의[86]와 입장을 같이한다.

그러나 비인식주의자들은 가치 판단을 지지하는 이유를 제대로 설명하지 못한다는 점을 비판한다. 비인식주의자들에 의하면, 가치 판단의 지지 이유를 제시하는 것은 어떤 사람으로 하여금 그 가치 판단에서 표현된 특정 태도를 가지게 된 원인에 대한 어떤 사실(소견)을 제시하는 것이다.[87] 비인식주의자가 말하는 추론은 소견의 변화가 태도의 변화를 초래하는가와 같은 심리적이고 우연적인 문제였다. 즉, 태도가 소견에 의해 영향을 받을 수는 있으나 한 태도가 다른 태도보다 더 적당하거나 더 정당하다는 것을 증명할 수 있는 추론 방법은 제시하지 못했다는 것이다.

헤어에 의하면, 가치어는 사실적 기능과 함께 권장과 비난의 기능을 가지고 있고, 어떤 기준을 함축하고 있다. 그런데 그 기준은 '좋게 만드는 특성' 에 의해 각 사물마다 다르다는 것이다.[88] 예컨대 '이 사과는 좋다' 라는 문장과 '이 연필은 좋다' 라는 문장에서 각각의 사물이 지니고 있는 좋게 만드는 특성은 다르다는 것이다. 그러므로 헤어에게 있어서 '당신은 왜 이것을 좋다고 주장하는가' 에 대한 이유나 근거의 제시는 곧 그 평가 대상의 좋게 만드는 특성을 밝히는 문제가 된다. 즉, '이 사과는 좋다' 에서 사과를 좋게 만드는 특성으로 '사과가 크고, 달고, 맛있다' 는 속성을 제시할 수 있으며, '이 연필은 좋다' 에 대한 이유로서 '이 연필은 잘 써지고, 오래 쓸 수 있으며, 잘 부러지지 않는다' 는 점을 제시할 수 있다는 것이다. 그러므로 헤어에게 있어서 가치 판단을 지지하는 이유나 근거는 평가 대상의 '좋게 만드는 특성' 을 밝히는 일이다.

또한 이것은 가치 판단의 보편성을 인정한다는 의미이기도 하다. 왜냐하면 어떤 사물의 좋게 만드는 특성을 제시한다는 것은 누구나가 그 사물의 그 특성을 인정한다는 점을 가정한다. 동시에 어떤 사물의 좋게 만드는 특성을 인정한다는 것은 비교 부류를 전제한다. 예를 들면, 내가 어떤 연필을 '좋다' 라고 한다면 다른 유사한 연필에도 '좋다' 는 평가를 내릴 것이고, 다른 사람이 나와 유사한 평가를 내린다면 다른 사람 역시 그 연필이 '좋게 만드는 특성' 을 갖는 것으로 보고 있는 것이 된다. 따라서 가치 판단은 우리가 어떤 주어진 부류에 속하는 한 대상을 같은 부류에 속하는 다른 대상들과 비교할 때, 그 비교 부류에 속하는 모든 대상들을 평가하기 위한 표준으로서 받아들이는 기준을 그 대상이 어느 정도 만족하느냐 또는 만족하지 못하느냐 하는 '좋게 혹은 나쁘게 만드는 특성' 으로 그 대상을 권장 또는 비난하는 것이다.

이러한 측면에서 가치 판단은 보편성의 특성을 지녔다고 볼 수 있으며, 이것은 곧 가치 판단의 정당성 여부를 따질 수 있는 근거가 된다. 즉, 가치 판단은 어떤 개별 대상의 가치에 대해서 뿐만 아니라, 그와 유사한 다른 대상에 대해서도 같은 판단을 내려야 한다는 것이다. 결국 이러한 관점에서 가치 판단은 경험적 사실과 관련이 있음을 알 수 있다.

그러나 어떤 평가 대상에 대한 경험적 사실을 아무리 많이 모은다고 해도 그것이 가치 판단으로 연결되는 것은 아니다. 여기에는 평가 표준 혹은 행위 규칙이 작용하게 된다. 사실에 대한 진술은 가치 판단을 구성하는 첫 단계일 뿐이라는 것이다. 평가 대상에 대한 사실 정보를 가치 판단과 관련지으려면, 그것이 행위 규칙이나 평가 표준과 관련되어야 한다. 평가 표준이 우리에게 어떤 사물이 좋은지 그른지를 말해 준다면, 행위 규칙은 우리에게 어떤 행위가 옳은지 그른지를 말해 준다. 헤어는 이러한 평가 표준과 행위 규칙을 원리*principle*라고 부른다.[89] 이러한 원리가 우리의 선택과 행위를 지도하게 된다. 즉, 여러 대안들 중에서 어떤 것을 선택하거나, 어떤 행위가 옳은지 그른지를 판단할 때, 우리는 이 원리에 의해 선택이나 판단을 하게 된다. 그러므로 우리가 어떤 선택을 하게 될 때 이러한 원리에 호소하게 되는 것이다.

그렇다면 원리 자체는 어떻게 정당화될 수 있을까? 이에 대한 대답으로 헤어는 결단*decision*을 말한다.[90] 하나의 사물이나 행동에 대한 선택이나 판단에는 여러 가지 원리의 적용이 가능하다. 그러나 '여러 원리들 가운데 어떤 원리를 선택할 것인가' 하는 문제는 행위자 자신의 결단에 의존할 수밖에 없다는 것이다.

시간과 공간에 따라 삶의 방식이 다르므로 규범 또한 다를 수 있고, 어린 시절의 경험이 다르므로 가치관도 다를 수 있다. 그러므로 행위자 자신이 적용하는 가치의 원리도 다를 수 있다. 어떤 원리를 결단하고 그 원리를 적용시킨 결과가 좋지 않을 때, 그 원리는 수정될 수밖에 없다.[91] 가령, 어떤 도덕적 사태에서 원리를 결단하였다고 가정하자. 그런데 하나의 원리를 결정할 당시에 알지 못했던 새로운 사실을 알게 되었을 때, 그 원리는 수정되어야 한다는 것이다. 이렇게 해서 새로운 원리가 나타나게 되고, 그 원리 역시 효과와 결과에 의해 변경될 수 있다. 이와 같이 가치 원리는 '결단'에 의존하게 되며, 가치 판단에 대한 정당화의 근거 또한 그 '결단'

의 타당성에서 찾아야 할 것이다.

그런데 도덕 원리의 결단은 임의적인 결단이 아니다. 도덕 원리는 모든 가능한 선택적 대안들 중에서 각 행위들의 결과를 비교 예측하는 등의 숙고 과정을 거쳐 선택된다. 그리고 도덕 원리는 '보편화 가능성'을 주요한 논리적 특성으로 지니고 있기 때문에, 도덕 원리의 결단 또한 개별 행위의 결단에 그치는 것이 아니라 유사한 상황에서는 그렇게 하겠다는 보편화 가능한 원리의 결단인 것이다.

헤어는 명령문의 추론 분석을 통해 도덕적 논의에 관한 추론을 전개하고 있다.[92] 즉, 명령문을 포함하지 않은 전제로부터 어떤 명령적 결론을 이끌어 낼 수 없으므로, 명령적 결론은 그 명령적 요소를 지니고 있는 대전제로부터 도출되어야 한다는 것이다. 이러한 논리는 규정적 언어의 속성을 지닌 가치 판단에도 마찬가지로 적용된다. 이를 논리적 추론의 삼단 논법에 기초하여 평가적 추론의 형식으로 도식화해 보면,

대전제: 효도를 잘하는 사람은 좋다. (원리에 대한 진술)
소전제: 철수는 효도를 잘한다. (평가 대상에 대한 사실적 진술)
결　론: 철수는 좋은 사람이다. (평가, 가치 판단)

이러한 평가적 추론 단계가 자연론적 오류에서 벗어나 있음은 당연하다. 왜냐하면 전제 속에 가치 판단을 포함하고 있고, 그로부터 결론을 추론하기 때문이다. 이처럼 헤어는 가치 판단에 있어서 가치와 사실 간의 관련성을 인정하고, 둘 사이에 가치 원리를 개입시킴으로써 사실을 가치와 관련시키고 있다고 볼 수 있다. 이것은 사실을 토대로 가치가 정당화될 수 있다는 가능성을 열어놓음과

동시에 사실만으로 가치 판단이 정당화될 수 없음을 함축한다.

4. 평가적 추론과 가치 교육의 방향

'가치 교육은 어떻게 이루어져야 하는가?' 하는 문제는 가치 판단을 분석함으로써 분명해진다. '무엇이 좋다, 무엇이 나쁘다' 라는 가치 판단에서 '무엇' 과 '좋다' 나 '나쁘다' 에 대한 관계가 어떻게 규정되는가에 따라 가치 교육의 형태는 달라진다. 지금까지 가치 판단의 윤리학적 근거의 고찰을 통해, 가치 판단에서 주어와 술어의 관계는 선험적 관계가 아니라 경험적 사실과 가치 원리가 고려되는 관계임을 규명하였다.

직관주의자들의 경우, 주어와 술어의 관계는 분석이 아니라 직관에 의해 파악되는 것으로 보았다. 이러한 관점은 가치를 판단하는 데 있어서 관찰이나 분석 혹은 추리의 과정을 배제하는 것이므로 가치 교육은 무의미하게 된다. 또한 정의주의자들은 이 관계를 평가자의 주관적 감정이나 태도의 관계로 간주한다. 따라서 여기에서도 평가적 추론 과정은 무시된다. 그러나 자연주의자들은 가치 판단의 주어와 술어 관계를 경험적 관계로 파악한다. 가치나 당위의 근거를 쾌락이나 욕구에서 구하는 것이다. 자연주의 윤리학은 가치나 당위의 근거를 선험적 이유가 아닌 경험적 근거에 토대를 두고 사고 과정을 통해 획득되는 것으로 간주함으로써 가치 교육의 이론적 토대를 제공한다. 그렇지만 여기에서는 가치 판단과 사실 판단을 동일시함으로써 자연론적 오류라는 비판에 직면한다. 만일 가치 판단과 사실 판단이 동일하다면, 가치 결정 과정은 평가 대상에 대한 사실 정보만을 필요로 하게 된다.

그러나 사실 판단과 가치 판단은 엄연히 구분되는 것이며, 가치 판단은 사실 판단과는 다른 논리 구조를 갖고 있다. 정당 근거 론자인 헤어는 가치와 사실 간의 관련성을 인정하고, 그 사이에 가치 원리를 개입시킴으로써 자연론적 오류에서 벗어난다. 그는 가치 판단의 주어와 술어 사이에 경험적 관계뿐만 아니라 가치 원리의 관계까지도 고려한다. 평가 대상에 관한 모든 경험과 합리적 가치 원리가 종합적으로 고려된다는 것은 가치가 즉흥적이거나 직관적인 혹은 일시적인 판단이 아닌 숙고된 '사고 과정'을 거친다는 것을 의미한다. 이처럼 가치 판단은 평가 대상에 관한 사실 정보와 가치 원리의 두 요소가 동시에 고려되는 논리적 구조를 갖는다. 논리적 추론은 결론을 뒷받침하는 근거로서 대전제와 소전제를 필요로 한다. 이와 마찬가지로 평가적 추론도 가치 판단을 뒷받침하는 근거로서 가치 원리와 사실이라는 두 전제를 필요로 한다.

이를 연역 논리의 삼단 논법과 비교해 보자. 연역 삼단 논법은 대전제, 소전제, 결론의 세 부분으로 되어 있다. 예컨대,

대전제 : 두 바퀴가 있는 차를 자전거라 한다.
소전제 : 내 차는 두 바퀴가 있다.
결　　론 : 그러므로 내 차는 자전거이다.

위의 연역 삼단 논법에는 어떠한 진술도 평가 용어를 포함하고 있지 않다. 그러나 규범적 진술을 다루는 가치 판단에는 평가 용어가 들어 있다. 예를 들면,

대전제 : 끝이 뾰족한 장난감은 나쁘다. (가치 준거)

논리적 추론(사실적 명제)	평가적 추론(규범적 명제)
대전제 →	가치 준거(원리)
소전제 →	사실(기술)
결론 →	가치 판단(평가)

그림 II-5. 논리적 추론과 평가적 추론의 비교

소전제: 내 장난감은 끝이 뾰족하다. (기술)

결   론: 그러므로 내 장난감은 나쁘다. (평가)

가치 판단에 있는 세 가지 형태의 진술들(준거, 기술, 평가)을 연역 삼단 논법의 구조와 일치시킨다면 연역 논리의 특성을 가치 판단의 논리에 적용할 수 있을 것이다. 즉, 규범적 진술의 대전제는 가치 준거(가치 원리)이며, 소전제는 사실(기술)이고, 결론은 가치 판단(평가)에 해당한다. 이를 도식화하면 그림 II-5와 같다.

이와 같이 규범적 명제를 다루는 평가적 추론은 가치 준거(원리)가 필요하다. 준거는 세 가지 요소, 즉 특성, 비교 종류, 평가 용어로 구성되어 있다. 준거에서 특성은 기술에서 나오고, 평가 용어는 평가에서 나온다. 만일 평가와 기술이 의미 있는 준거를 구성한다면, 평가와 기술의 상호 관계는 중요하다. 기술은 평가에 반영되는 가치 판단과 관련이 있어야 한다. 예를 들면, 만약 어떤 사람이 종이봉투에 식품을 담아 가려고 생각한다면, 그는 "종이봉투는 유용하다"라고 말할 것이다. 그것은 평가이다. "종이봉투는 탄다"라고 기술한다면, 논리적으로 이상할 것이다. 왜냐하면 그 기술은 식품을 담아 가는 것에 관한 본래의 관점과 사실상 관련이 없기 때문이다. "종이는 무게가 가볍다"는 훨씬 더 잘 적용할 수 있는 기술이다. 왜냐하면 이 기술은 식품을 담아 가는 데 있어서 종이봉투의 유용성과 직접적으로 관련이 있기 때문이다. 이처럼 평가와 기술은 필연적인 상호 관련이 있다. 또한 평가와 기술에는 특수한 품목이나 집합체 혹은 종류인 평가 대상이 들어 있고, 준거에는 언제나보다 일반적인 집합체나 종류를 언급하는 비교 종류가 들어 있다. 다시 말해, 평가 대상은 특수한 품목이지만 비교 종류는 평가 대상이 속하는 보다 일반적인 집합체이다. 예를 들면,

> 평가: 대한 자동차는 좋다.
>
>   (평가 대상은 특수 품목인 대한 자동차이다.)
>
> 기술: 대한 자동차는 연료 소비가 적은 엔진을 장착하고 있다.
>
>   (평가 대상은 특수 품목인 대한 자동차이다.)
>
> 준거: 연료 소비가 적은 엔진을 장착하고 있는 자동차는 좋다.
>
>   (비교 종류는 대한 자동차뿐 아니라 현대자동차 또는 대우자동차
>
>   등을 포함하는 일반적인 자동차이다.)

이처럼 평가 대상은 특수 품목, 그룹 또는 종류를 언급한 것인 반면에, 비교 종류는 보다 일반적인 집합체나 종류를 일컫는다. 그러나 다음의 예를 보자.

> a. 옷은 따뜻한 것이 좋다.
> b. 따뜻한 옷이 좋다.
> c. 좋은 옷은 따뜻하다.

위에 있는 것들은 진술이 다르더라도 똑같은 준거이다. 자칫 평가로 의심스럽게 보이는 예(b)와 기술로 보이는 예(c)에서 보듯이, 이 경우에 그것들은 준거 진술이다. 왜냐하면, 중요한 비교 종

류는 "따뜻한 옷" 또는 "좋은 옷"이라는 평가 대상이 아니라 옷이다. 그러므로 진술이 준거인지를 알려면 일반적인 비교 종류인지 특수한 품목, 즉 평가 대상인지를 알아야 한다. 이것은 토론 상황에서 결정된다.

그런데 평가 대상에 대한 준거는 여러 개일 수 있다. 가령, 좋은 자동차를 평가하는 데에는 모양, 크기, 견고함, 연료 소비량 등 여러 개의 준거가 동원될 수 있다. 이처럼 둘 이상의 준거가 결합되었을 때, 그 결합을 '원리'라 한다. 준거는 평가 대상에 대한 하나의 특성을 나타내는 반면에, 원리는 준거로부터 나오는 여러 가지 특성을 포함한다. 따라서 다른 조건들이 동일할 경우, 원리는 하나의 준거가 할 수 있는 것보다 더 안정되고 더 믿을 만한 근거를 제공한다.

이러한 평가적 추론의 구조는 가치 판단이 이성과 경험의 조화를 통해 결정되어야 함을 함축한다. 그리고 여기에는 정의주의자들이 주장한 것처럼 평가자의 감정이나 태도도 포함한다. 정의주의자들은 가치 판단에 사실적 요소를 배제하였지만, 가치 판단이 평가자의 감정이나 태도를 표명하고 있다는 점은 가치 교육이 사실 판단을 위한 가치 탐구와 정의적 요소를 함께 고려하는 유형의 접근이어야 한다는 것을 시사한다. 이러한 가치 판단의 논리, 즉 평가적 추론이야 말로 논리학에서의 논리적 추론 과정과는 다른 특성이다.

가치는 단지 직관이나 평가자의 감정에 의해서 결정되는 것이 아니라 평가 대상에 대한 사실 정보와 평가자 자신의 가치 원리의 결단에 의한 가치 결정 과정을 요구한다. 이것이 의미하는 것은, 가치 판단이 합리적인지 아닌지를 결정할 수 있는 것은 평가적 추론의 과정이지 그 결론이 아니라는 것이다. 그러므로 가치 교육은 가치가 결정되는 평가적 추론, 즉 평가하고자 하는 대상에 대한 충분한 사실 정보와 가치 원리의 결단 과정에 대한 교육이 필요하다. 따라서 가치 교육을 실시함에 있어서 평가 대상에 대한 '사실 정보를 어떻게 얻을 것인가'와 '가치 원리를 어떻게 결단할 것인가' 하는 방법적인 문제가 중요하다. 즉, 가치 교육은 학생들로 하여금 평가 대상에 대한 사실적 지식을 획득하고, 가치 원리를 결단하도록 하는 합리적 절차가 요구된다.

이러한 맥락에서, 쿰즈는 합리적 가치 판단의 기준으로 네 가지를 제시한다. 첫째, 가치 판단을 지지하는 가능적 사실들이 참이거나 또는 충분히 확인되어야 하며, 둘째, 사실들은 진정한 관련성이 있어야 한다. 즉, 사실들은 판단을 내리는 사람에게 실제로 가치 있어야 하며, 셋째, 다른 고려 사항이 똑같다면, 판단을 하는 데 고려할 수 있는 관련 사실들의 범위가 클수록 더욱 적합한 판단을 내릴 가능성이 있으며, 넷째, 가치 판단에 함축되어 있는 가치 원리는 그 판단을 내린 사람이 받아들일 수 있는 것이어야 한다.[93]

가치 판단은 참인지 거짓인지를 증명하기가 어렵다. 따라서 가치 결정 과정이 합리적인 평가적 추론 과정을 통해 결정되었는가를 검증하는 방식이 중요하다. 이러한 절차가 바로 가치 판단의 정당성 확보를 위한 이유나 근거를 마련하는 구체적 활동이라 할 수 있다. 가치 교육 프로그램은 평가 대상에 대한 합리적 사실 정보를 구하기 위해 '어떻게 평가 대상에 대한 사실 정보를 얻고, 그 사실 정보의 진위와 관련성을 확보할 것인가' 하는 문제를 포함하여야 한다. 또한 합리적 가치 원리를 위해 가치 원리를 검토하는 과정이 반드시 포함되어야 할 것이다.

이러한 평가적 추론 과정이 합리적으로 이루어지지 못할 때, 그 가치 판단은 비합리적인 것일 수 있으며, 이러한 평가적 추론 과정에서의 차이가 곧 사람들 간의 가치 갈등을 유발한다. 다시 말해, 평가 대상에 대한 평가자들 간의 정보 수집의 차이나 결과 분석의 차이, 수집된 사실들 간의 관련성 정도, 특정 사실들에 대한 평가자의 태도, 가치 판단 속에 함축된 가치 원리들의 수용성 여부에 따라 가치 판단의 차이, 즉 가치 갈등을 야기할 수도 있다. 그러나 이러한 비합리적 가치 판단이나 사람들 간의 가치 갈등은 평가적 추론 과정을 분석해 봄으로써 해결의 단초를 모색할 수 있다. 이러한 관점에서, 이 책에서는 합리적 가치 교육을 위해 평가적 추론 과정을 체계적으로 분석하고 프로그램화한 가치 분석 전략에 주목하고자 한다.

III. 가치 분석의 전략

가치 교육이 학생들의 합리적 가치 판단 능력을 기르기 위한 교육이라면, 가치 판단의 논리, 즉 평가적 추론을 이해하는 것이 중요하다. 왜냐하면 가치 판단이 합리적이려면 평가적 추론 과정이 합리적이어야 하기 때문이다. 지금까지 논리학적·윤리학적 고찰을 통해 가치 판단은 평가 대상에 대한 사실 정보와 가치 원리를 통한 평가적 추론에 의해 결정되고, 합리적 가치 판단은 이러한 평가적 추론 과정이 합리적으로 진행될 때 가능하다는 것을 이해하였다. 그러면 '어떻게 합리적으로 가치 원리를 결단하고, 평가 대상에 대한 사실 정보를 확보할 것인가' 하는 것이 우리가 해결해야 할 중요한 문제이다.

이를 위해 메카프L. E. Metcalf 등이 『가치 교육*Values Education: Rationale, Strategies and Procedures*』에서 가치 판단의 논리에 따라 구체적으로 제시한 가치 분석 전략을 고찰하고자 한다. 이 모형은 미국 사회과교육협의회 소속의 메카프, 캐스퍼G. Casper, 채드윅J. Chadwick, 쿰즈J. Coombs, 모익스M. Meux, 페이트R. Payette 등이 개발한 교육 모형이다. 이 책에서는 가치 분석을 가치 분석의 교수 전략, 가치 분석의 절차, 가치 갈등 해결의 세 부분으로 나누어 제시한다.

I. 가치 분석의 교수 전략

　　가치 분석의 목표는 간략하게 "학생들이 논의 대상인 가치문제를 합리적으로 결정하고," "학생들이 합리적 가치 결정을 하는 데 필요한 능력과 성향을 계발하고," "학생들에게 가치 갈등을 해결하는 방법을 가르치기 위하여"라고 요약할 수 있다. 이러한 가치 분석의 목표를 달성하기 위해 6가지 과제를 제시한다(그림 III-1 참조).[1)]

　　이러한 6가지 교수 전략은 가치를 결정함에 있어서 해결해야 할 과제이며, 가치 판단을 결정하기 위해 필요한 절차이기도 하다. 그러므로 여섯 단계의 과정을 충실히 수행한 후에 내리는 가치 결정은 합리적 근거를 토대로 결정된 가치 판단이며, 각 단계별 과정을 소홀히 하고 내리는 가치 결정은 합리적인 가치 판단이라 할 수 없다. 따라서 학생들로 하여금 어떤 가치 선택적 상황에 직면하여 합리적으로 가치를 결정하도록 하기 위해서는 이러한 6가지 과제를 성실히 수행할 수 있는 능력을 함양시켜 주어야 한다.

　　이러한 가치 분석 과제(가치 결정 과정)에 있어서 ②, ③, ④의

가치 분석의 구분	가치 분석의 세부 6과제
1) 가치문제의 확인 및 명료화	① 가치문제를 확인하고 명료화하기
2) 평가 대상과 관련된 사실적 지식	② 알려진 사실들을 수집하기 ③ 사실들의 참을 평가하기 ④ 사실들의 관련성을 명료화하기
3) 가치 원리 수용성 검사	⑤ 잠정적 가치 결정 내리기 ⑥ 가치 결정에 함축되어 있는 가치 원리를 검사하기

그림 Ⅲ-1. 가치 분석의 6가지 과제

과정은 평가 대상에 대한 사실 정보를 합리적으로 수집하는 과정
이고, 이 과정들을 토대로 평가자는 잠정적으로 가치 결정을 내린
다. 그리고 ⑥의 과정은 가치 결정에 함축되어 있는 가치 원리를
검토하는 과정이다. 그리고 이러한 가치 원리[2] 검사를 거친 후 최
종 가치를 결정한다.

　가치 분석의 6과제는 가치를 판단(결정)함에 있어서 '평가 대
상에 관한 사실적 지식'과 '가치 원리'를 중시한다. 이것은 앞 장
에서 고찰한 평가적 추론 과정을 잘 반영한 가치 교육 전략으로서,
'평가 대상에 대한 합리적인 사실적 지식을 획득하기 위한 전략'
과 '합리적 가치 원리를 위한 원리 수용성 검사'가 핵심적 활동이
된다. 이러한 가치 분석의 6가지 과제를 구체적으로 살펴보자.

1. 가치문제를 확인하고 명료화하기

1.1 교수 전략

가치문제의 접근은 가치문제를 명료화하는 것으로부터 시작해야 한다.[3] 즉, 논의하고자 하는 가치문제를 명확히 해야 한다. 이는 논점의 핵심을 정확히 인식하지 못하고서는 올바른 가치 결정을 내릴 수 없기 때문이다. 가치문제 명료화에 관한 혼동은 적어도 두 가지 이유에서 발생한다.[4] 첫째는 판단을 해야 하는 관점의 불명확성을 들 수 있다. 즉, 평가 대상이나 도덕적 문제 사태에 대해 토의 당사자들이 서로 다른 관점을 갖고 문제에 접근한다면 합의를 도출하는 것은 불가능하다. 예컨대 지역 사회의 재개발 문제를 둘러싸고 논의가 진행 중일 때, 갑이란 사람은 '경제적 관점'에서, 을이란 사람은 '환경학적 관점'에서 평가한다면 합의된 판단을 도출하기 어렵다. 갑은 경제적 관점(지역 사회의 경제적 이익에 기여함)에서 '재개발을 해야 한다'고 판단을 내릴 것이고, 을은 환경학적 관점(자연을 훼손함)에서 '재개발에 반대'하는 판단을 내릴 것이다. 그러므로 가치문제를 논의할 때, 토의 당사자 간에 평가 대상에 대한 평가 관점을 분명히 한 후에 토의를 진행하는 것이 평가 관점으로 인해 야기되는 가치 갈등을 해결할 수 있는 방법이다.

둘째는 평가 대상에 대해 명료하게 말하지 못할 때, 즉 가치문제에 사용된 용어가 불분명할 경우에 혼란이 초래될 수 있다. 가치문제 상황에서 제시되는 용어가 애매모호하거나 어려울 때 이를 명확하게 정의하는 과정이 필요하다. 이 과정에서 토의 당사자 간에 용어 정의에 대한 합의를 도출해 내지 못한다면 논쟁이나 토론은 혼란에 빠지게 되고, 결국 가치 판단의 갈등을 유발하게 된다. 예컨대 '약물 복용은 그릇된 것인가' 라는 가치문제가 제기되었을 경우, '약물' 에 대한 애매모호한 개념 정의 때문에 가치 판단에 혼란을 야기할 수 있다. 여기에서 말하는 약물이 특정한 약을 지칭하는 것인지 혹은 일반적인 약을 의미하는지 아니면 쾌락을 얻기 위한 목적으로 사용하는 약인지가 불분명하다. 여기에서 의미하는 약물이 '치료를 목적으로 하는 모든 약물' 을 의미하는지 아니면 '환각제' 만을 의미하는지에 따라서 가치 판단은 달라질 수 있다. 이처럼 가치문제에 포함된 용어를 어떻게 정의하느냐에 따라 가치 판단의 결과가 달라질 수 있으므로, 가치문제를 논의할 때 용어 정의를 명확히 해야만 한다. 무엇에 관한 논의인가를 확실히 알지 못한다면 관련된 사실 수집은 물론 사실의 관련성 여부를 판단할 때에도 혼동이 나타나기 마련이다. 가치문제 상황에서 가치문제를 확인하고 명료화하는 일은 합리적 가치 판단을 위해 매우 중요하다.

이러한 명료화 문제는 교사와 학생에 의해 해결할 수 있다. 먼저, 교사에 의한 명료화 방법은 교사가 가치문제를 제시할 때 관점과 용어 정의에 대해 분명히 밝혀 주는 것이다. 즉, 제시된 가치문제를 어떤 관점에서 평가해야 하는지 혹은 어떤 관점은 그것과 관련이 없는지를 교사가 분명하게 제시하는 것이다. 그리고 용어가 애매모호할 경우에는 교사가 용어의 개념을 명확하게 정의해 주든지 아니면 그 용어가 언급하는 것의 예나 언급하지 않는 것의 예를 제시하는 것이다. 예를 들면,

요즈음 약물에 대한 논의가 많고, 약물 사용이 상당히 증가하고 있으며, 이를 규제하는 법 문제가 제기되고 있다. 여러분은 성인이 신체적

혹은 정신적 질병 외에 다른 목적으로 약물을 복용하는 것을 금지하는 법을 통과시키는 것이 도덕적으로 옳은지를 생각해 보자. 여기에서 약물은 사람의 감정을 바꾸고 최고조의 기분을 느끼게 하며, 환각 상태를 일으키고, 신체를 화학적으로 변화시켜 그 약을 자꾸 요구하게 되는 중독을 유발하는 물질을 의미한다. 약물에는 아편, 헤로인, 암페타민 등이 있는데, 이러한 물질들은 신체의 화학적 구조를 변화시켜 사람의 감정을 변하게 하며 중독성이 있다. 술은 중독성이 없기 때문에 약물로 간주하지 않는다. 담배는 사람의 감정을 크게 변화시키지 않으며, 환각 상태를 일으키지 않으므로 약물로 보지 않는다.[5]

이 예에서 교사는 도덕적 관점에 대해 분명히 제시하고 있다. 그리고 평가 대상인 약물의 개념 정의와 그러한 예와 그렇지 않은 예를 제시함으로써 용어를 명확히 하고 있다.

또 다른 방법은 이렇게 교사가 일방적으로 용어를 정의하지 않고 학생들에게 질문과 토론을 통해 용어를 스스로 명료화하도록 할 수도 있다. 교사는 다음과 같은 질문을 통해 약물에 대한 정의를 명료화할 수 있을 것이다. '여기에서 약물을 복용한다는 것이 무엇을 의미하는지 분명히 하지 않고는 가치문제를 합리적으로 해결하기 어렵다. 여기에서 말하는 약물은 무엇을 말하는 것일까,' '여기에서 약물에 해당하는 예와 그렇지 않은 예를 말해 보자' 등의 질문을 통해 용어의 개념 정의를 분명히 할 수 있을 것이다.

1.2 교수 전략의 적용

이 과정의 가치 분석 교수 전략을 교실 수업과 관련하여 살펴보면, 먼저 가치(도덕적)문제를 제시한다. 이 단계에서는 우선 학생들의 흥미나 동기 유발을 위해 가치(도덕적)문제와 관련하여 학생들이 과거에 경험하였거나 느꼈던 일을 질문함으로써 도덕적 논의를 위한 학습 분위기를 조성한다. 그리고 이와 관련된 가치(도덕적)문제를 끌어들인다. 이때 가치(도덕적)문제에 관해 TP 자료나 VTR, 인터넷 등의 시청각 자료를 활용할 수 있다. 특히 가치(도덕적)문제에 대한 정서적 측면을 이해하기 위해서는 역할 놀이를 통해 제시하는 것도 문제 사태를 이해하는 데 도움을 준다. 제①단계에서 가치(도덕적)문제를 제시할 때 유의해야 할 점은 학생들이 가치에 관한 논의에 적극적으로 참여하도록 유도하는 것이다. 이 단계에서 동기를 유발하는 흥미로운 방법 중의 하나가 '역할 놀이'이다. 역할 놀이를 통해 가치(도덕적)문제를 제시하는 것은 가치문제와 관련된 평가 대상의 정서적 측면을 이해하는 데 많은 도움을 준다. 다음의 가치(도덕적)문제를 역할 놀이 방법을 통해 제시해 본다.

> 오늘 철수는 평소보다 늦게 등교하게 되었다. 등굣길에 나이가 많이 든 할머니께서 철수에게 집을 찾아 달라고 부탁하셨다. 할머니께서는 무거운 짐을 들고 계셨고, 주위에는 사람들도 없었다. 할머니가 너무 힘들어 보였다. 할머니께서 찾으시는 집은 철수가 알고 있는 아파트였고, 그 아파트를 가려면 20분 정도를 걸어야 한다. 어떻게 해야 하나?

만약에 위와 같은 가치(도덕적)문제를 중심으로 교실 수업을 한다면, 학생들 중에서 철수와 할머니 역할을 정한 다음 역할 놀이를 시작한다. 이러한 가치 갈등 사태를 역할 놀이를 통해 제시하고자 할 때에는 가치(도덕적)문제를 새로 각색할 필요가 있다.

학　생: (헐레벌떡 신호등 쪽으로 뛰어간다.) 헉, 헉…

할머니: (그때, 무거운 짐을 든 할머니가 힘든 표정으로 학생을 부른다.) 학생! 학생!

학　생: 할머니 왜 그러세요?

할머니: 아들네 집에 가려고 어젯밤에 시골에서 밤차를 타고 왔어. 기차가 새벽에 도착해서, 택시를 타고 택시 기사에게 주소를 알려 주었더니 택시 기사가 이 근처라고 하면서 여기에 내려 놓고 갔어. 그런데 도대체 찾지를 못하겠네. 더 이상 힘들어서 걷지도 못하겠고…. (그러면서 주소가 적힌 쪽지를 학생에게 건넨다.)

학　생: 할머니, 이곳은 여기에서 별로 멀지 않은 곳에 있는 아파트네요. (그런데 그곳은 아파트 단지라서 쉽게 찾기가 어려운 곳이었다.)

할머니: 학생이 알고 있는 것 같은데, 좀 어렵겠지만 나 좀 도와주면 좋겠어. (그곳에는 지나가는 사람들이 별로 없었다.)

학　생: (혼잣말로) 큰일 났네. 그곳까지 갔다 오면 지각할 것이 뻔한데. 어쩌면 좋지….

이처럼 가치(도덕적)문제를 교사가 설명해 주는 것이 아니라, 학생들이 직접 경험하게 함으로써 학생들에게 흥미를 일으키게 할 수 있다. 가치(도덕적)문제에 관해 흥미 있게 동기를 유발함으로써 학생들이 가치에 관한 논의에 적극적으로 참여하게 하는 효과를 얻을 수 있다. 즉, 자신들이 가치(도덕적)문제에 직접 참여함으로써 철수의 고민과 할머니의 어려운 사정을 더욱 실감나게 파악할 수 있다. 그리고 이러한 가치(도덕적)문제에 관한 역할 놀이가 끝나면 교사는 학생들에게 '철수는 지금 어떤 심정일까,' 혹은 '할머니는 지금 어떠한 상황에 처해 있는가'라는 질문을 통해 가치(도덕적)문제에 대한 이해 정도를 측정할 수 있을 것이다.

이 단계에서 유의해야 할 점은 학생들이 가치(도덕적)문제를 정확하게 이해하도록 하기 위한 다양한 방법이 필요하다는 것이다. 그러므로 이 단계에서는 학생들로 하여금 '어떻게 가치(도덕적)문제에 관하여 정확하게 이해하도록 할 것인가'에 초점이 맞추어져야 할 것이다. 따라서 가치(도덕적)문제와 관련하여 교사는 '어떤 자료를 어떻게 활용할 것인가'를 신중하게 검토하여 학생들이 가치에 관한 논의에 적극적으로 참여할 수 있도록 해야 한다.

다음으로, 제②단계에서는 가치문제를 명료화하기 위해 '논의하고자 하는 가치 혹은 도덕적 문제는 무엇인가' 혹은 '가치문제를 자세히 진술할 수 있는가' 등의 질문을 통해 '토의 집단 구성원들이 동일한 가치문제를 고려하고 있나'를 확인할 수 있다. 또한 용어를 명료화하기 위하여 '가치문제 내에 있는 용어를 어떻게 정의할 수 있을까' 혹은 '이러한 용어 정의에 동의하는가'라는 질문을 통해 용어를 명료화할 수 있을 것이다. 또한 가치 판단의 관점으로 인한 혼란을 피하기 위하여 '이 문제는 어떤 관점에서 논의해야 할까' 또는 '이 문제는 무엇과 관련된 문제일까' 등의 질문을 통해 가치 판단의 관점을 명확히 할 수가 있다. 용어 정의(훌륭한 사람에 관한)에 관한 교수 전략의 예를 들어 보자.

교   사: 여러분은 자라서 어떤 사람이 되고 싶어요?

아동들: 훌륭한 사람이 되고 싶어요.

교   사: 훌륭한 사람이란 어떤 사람을 말하나요?

아동 1: 저는 권력이 있는 정치가나 법률가라고 생각해요.

아동 2: 저는 돈 많은 사업가요.

교　사: 그럼 권력 있고 돈 많으면 훌륭한 사람일까요? 모두들 이런
　　　 사람이 되고 싶어요?

아동들: …

교　사: 어려워요? 그럼 우리가 훌륭한 사람이라고 생각하는 사람은
　　　 누가 있을까요?

아동 1: 이순신 장군요.

아동 2: 유관순 열사요.

아동 3: 페스탈로치요.

교　사: 이들의 공통점은 무엇일까요?

아동 1: 국가와 민족을 위해 자신을 희생했어요.

아동 2: 자신의 이익보다는 어려운 사람을 위해 봉사했어요.

교　사: 그러면 훌륭한 사람은 어떤 사람인가 이야기할 수 있을까요?

아동들: 예, 자신의 맡은 바 책임을 다하고, 자신의 이익보다는 남을
　　　 위해 봉사할 수 있고, 국가와 민족을 위해 자신을 희생할 수
　　　 있는 사람입니다.

교　사: 이러한 정의에 모두들 동의하나요? 다른 의견을 갖고 있는
　　　 학생은 발표해 봐요?

아동들: …

2. 평가 대상과 관련된 사실적 지식

2.1 교수 전략

② 사실들을 수집하기

가치 분석에서 가치 판단은 단지 개인의 주관적 감정이나 태도의 표현이 아니라, 평가 대상과 관련된 사실을 토대로 결정된다. 이것은 평가 대상에 관한 사실 정보가 다를 때 다른 가치 판단이 내려질 수 있음을 함축한다. 평가 대상과 관련된 성공적인 사실 수집을 위해서는 교사는 다음을 확실히 해야 한다.

① 가치 주장을 관련된 사실들의 일부분으로 잘못 수집하는 일이 없도록 해야 한다.
② 문제의 평가 대상과 관련된 사실들을 광범위하게 수집하도록 한다.
③ 학생들이 사실 자료의 복잡함에 당황하지 않는 한도 내에서 사실 수집을 하도록 한다.[6]

학생들이 평가 대상과 관련된 사실들을 수집하기 전에 사실적 주장과 평가적 주장을 구별할 수 있어야 한다. 사실적 주장은 사실적 진술로 기술되고, 평가적 주장은 평가적 진술로 기술된다. 사실적 진술은 관찰 가능한 상태나 사건들을 보고 기술하는 것이며, 평가적 진술은 사물들을 가치와 관련시켜 평가하는 것이다.[7] 가치 결정은 사실적 주장에 기초해야 하며, 평가적 주장을 사실 주장으로 받아들여 가치 결정에 토대가 되게 한다면 합리적인 가치 판단을 내릴 수가 없다. 예를 들면, 어떤 차가 좋은 차인지를 결정하려고 할 때 그 차가 믿을 만하고 경제적이고 안전하다는 것을 사실로 든다면, 이것은 사실적 진술에 토대를 두고 있는 것이 아니라 평가적 진술에 토대를 둔 것이다. 이와 같은 평가적 진술을 토대로 가치를 판단하는 것은 올바른 가치 판단을 도출할 수 없다.

또한 평가 대상과 관련된 사실을 수집할 때 가능한 많은 사실들을 수집하는 것이 중요하다. 평가 대상에 관하여 다양한 시각과 관점에서 많은 자료를 모으고, 전문가의 조언을 듣고, 실제로 경험하도록 함으로써 평가 대상에 대한 관심을 고조시킬 수 있다면 보다 더 합리적인 가치 판단을 이끌 수 있을 것이다. 광범위한 사실 수집은 가능한 많은 관심을 가지고 관련 사실들을 수집할 때 가능하다. 그리고 광범위한 경험과 관점을 갖고 있는 여러 사람들로부터 전문적인 지식을 구하는 것도 필요하다. 이처럼 평가 대상에 대한 사실 정보를 구하기 위해서는 도서관이나 전문가 방문 그리고 인터넷을 이용할 수 있다.

만일 평가 대상과 관련된 중요한 사실 하나를 빠뜨린다면 엉뚱한 가치를 결정할 수 있다. 예컨대 동성동본 금혼 제도의 근거로서 동성동본 금혼 제도는 과거 우리의 전통이고 미풍양속이라는 사실을 제시하는 경우와 근친상간 시 기형아가 출산할 확률이 그렇지 않은 경우보다 훨씬 많다는 과학적 사실을 제시하는 경우, 전자보다는 후자가 합리적 가치 판단을 이끌 수 있을 것이다. 따라서 평가자가 평가적 주장과 사실적 주장을 모를 때 그리고 평가 대상과 관련된 많은 사실적 자료를 얻지 못했을 때에는 합리적 가치 판단을 내릴 수 없으며, 토의 당사자 간에는 가치 갈등이 유발되게 마련이다. 일단 사실적 주장과 평가적 주장을 구분할 줄 알고, 평가

		긍정적		부정적		보조적 가치 판단
		일반적	특수한	일반적	특수한	
학생의	A					
기본적	B					
관심들	C					
	D					

그림 III-2. 사실 수집 체계화를 위한 도표

대상과 관련하여 가능한 많은 사실들을 수집하였다면, 이후 교사
는 다음과 같이 해야 한다.

① 학생들에게 각기 다른 관심 분야의 측면(예를 들면, 경제학적, 생
   태학적, 미적, 도덕적 측면)에서 사실들을 조직화하도록 한다.
② 학생들에게 사실들이 긍정적인 값을 갖는지, 혹은 부정적인 값을
   갖는지에 기초해서 사실들을 구별하도록 한다.
③ 보다 더 일반적인 자료 하에 특수한 사실들을 포함하도록 한다.
④ 가치 결정을 위해 사실들의 중요도에 따라서 사실들의 순서를 정
   하도록 한다.[8]

이러한 과정을 단순화하고 체계화하기 위해서 '사실 수집표'
를 작성하여, 평가 대상과 관련된 사실들을 '전체로서' 볼 수 있게
할 수 있다. 사실 수집 체계화를 위한 도표는 그림 III-2와 같다.[9]
학생들의 기본적 관심들은 도표 왼쪽에 쓰는데, 이러한 관심들
은 하나일 수도 있고 여러 개일 수도 있다. 평가 대상에 관한 사실
들도 긍정적인 것과 부정적인 것 그리고 일반적인 것과 특수한 것
들을 구분해서 적는다. 끝에는 학생의 기본적 관심 각각에 대한 보

조적 가치 판단을 적는다.

③ 사실 주장을 평가하기

평가 대상에 관해 가능한 많은 사실 진술들이 수집되면, 이 사실들이 정당한 근거를 갖고 있는지에 대해 평가해야 한다. 평가자는 평가 대상과 관련된 사실 진술들에 기초해 가치를 결정해야 하기 때문에 참인 진술에 근거하지 않거나 충분한 근거 없는 가치 결정은 그릇될 수 있다. 가치 결정과 관련된 사실에는 특수한 사실, 일반적 사실, 조건적 사실의 세 가지 종류가 있다.[10] 특수한 사실 주장은 단일 사건이나 상황을 기술한다. 예를 들면, '이승만은 대한민국 초대 대통령이었다'와 같은 진술이다. 이러한 특수한 사실 주장은 그 주장이 기술하고 있는 사건이나 사건들의 상태를 관찰함으로써 참을 증명할 수 있다.

일반적 사실은 특수한 사실들에 의하여 경험적으로 검증할 수 있는 일반화된 지식이다.[11] 예를 들면, '쓰레기 소각장에서 나온 매연에는 암을 유발할 수 있는 성분이 포함되어 있다'라는 진술은 일반적 사실이다. 왜냐하면 소각장에서 나온 매연을 분석해 봄으로써 진위를 검증할 수 있기 때문이다. 이러한 일반적 사실 주장은 그 주장을 지지하거나 혹은 그 주장을 반박할 수 있는 특수한 사실들을 찾아냄으로써 진위가 검증된다. 즉, 소각장에서 나온 매연이 암을 유발할 수 있는지 여부는 소각장에서 나온 매연 성분 중 암을 유발할 수 있는 성분을 동물에게 투여해서 암을 유발하는지를 관찰함으로써 진위를 알아낼 수 있다. 조건적 사실들(if-then의 주장들)은 '만약if'에 해당되는 부분에서 구체화되고 있는 것과 유사한 사건들이 발생했을 때, '그러면then'에 해당되는 부분과 비슷한 어떤 것이 과거에 일어났는지를 밝힘으로써 검증된다. 예를 들면, '만약에 자동차 노동자들이 그들의 파업을 한 달간 더 연장한다면 내년에 자동차 값은 확실히 올라갈 것이다' 와 같은 것이다.

그러나 대부분의 경우에 평가 대상과 관련된 사실들의 주장을 직접 증명하기는 어렵다. 오히려 공식 기록이나 증인 설명 또는 전문가의 증언에 의존할 때가 많다. 사실 주장은 그 주장의 출처를 평가하는 것으로써 검증되어야 하며, 그러한 유형의 평가에서는 사실 주장을 한 사람의 위치와 상황이 중시된다.[12] 교사는 학생들이 수집한 평가 대상에 대한 사실들을 평가할 때 다음과 같은 질문을 함으로써 사실 평가를 하도록 할 수 있다.

① 이것이 사실이란 것을 어떻게 아는가?
② 이것이 사실이란 것을 나타내는 증거는 무엇인가?
③ 누가 이것이 사실이라고 말했는가?
④ 우리는 그 사람이 말한 것을 왜 믿어야 하는가?
⑤ 다른 권위자들도 그가 말한 것에 동의하는가?[13]

이러한 질문들은 평가 대상에 관한 사실들의 진위를 평가하려는 것이지 결코 사실들을 수집한 학생들 개개인을 비판하려는 것이 아님을 분명히 해야 한다.

④ 사실의 관련성을 명료화하기

다음은 가치 결정을 위해 평가 대상에 대해 수집한 사실들의 관련성을 검토하는 일이다. 사실을 토대로 가치가 결정되므로 사실과 평가 대상과의 관련 여부는 가치 결정의 방향을 결정한다. 따라서 관련성이 없는 사실을 고려하는 일은 가치 판단의 합리성을 감소시킨다. 평가자가 수집한 평가 대상에 관한 사실들이 실제로는 평가 대상과 아무런 관련이 없는 경우가 있다. 예컨대, 교육위원이 되고자하는 어떤 사람이 도덕적으로 적합한지를 결정한다고 가정해 보자. 이때 그가 교사로 재직할 당시 전교조에 가입하여 활동하다 해직되었다는 사실을 고려할 수 있다. 그러나 이러한 사실은 교육위원으로서 자질을 평가하는 데 필요한 도덕적 관점과는 무관하다고 볼 수 있다.

또한 어떤 특정 사실을 상대적으로 강조하는 데에서 토의 당사자 간에 가치 갈등을 초래할 수 있다. 어떤 사람은 특정 사실과 관련이 있다고 생각하는 반면에 다른 사람은 관련이 없거나 혹은 대수롭지 않게 생각하는 데에서 의견 차이가 나타난다. 이것은 사람이 가지고 있는 관심 차이에서 발생하는 의견 차이라고도 볼 수 있다. 예를 들어, 어떤 사람은 건강에 대해서는 관심이 많으나 경제적 측면에는 관심이 없다든가 혹은 그 반대인 경우가 있을 수 있다.

설령, 평가 대상과 관련이 있다고 하더라도 그 사실에 대하여 긍정적으로 보는 사람과 부정적으로 보는 사람이 있을 수 있다. 가령, 농사를 지을 때 농약을 사용하는 것이 생산량을 증대시킨다는 측면에서 긍정적인 값을 부여할 수 있고, 한편으로는 농약이 인체에 해롭다는 이유에서 부정적인 값을 부여할 수 있다. 이러한 관점에서 가치 분석에서는 평가자가 사실에 값을 부여할 때 사용한 준거를 가능한 명료하게 형식화해서 사실의 관련성을 결정하도록 하고 있다.

① 그 준거는 내려야 할 가치 결정과 같은 관점에 있는가?
② 그 준거는 그가 정말로 믿고 있는 것을 나타내고 있는가?

가치 판단	구호 사업은 도덕적으로 옳지 않다.
사실	구호 사업은 돈을 벌지 않는 사람에게 돈을 준다.
준거	돈을 벌지 않는 사람에게 돈을 주는 관행은 도덕적으로 옳지 않다.

그림 III-3. 증거 카드의 단순형(앞면)의 예

③ 그가 그 준거를 믿는 정당한 이유를 갖고 있는가?[14]

그리고 위의 예에서 평가자는 자신의 준거를 다음과 같이 형식화할 수 있다. '교직 생활 중 전교조 활동으로 인해 해직당한 경험이 있는 교사는 교육위원으로서 적합하지 않다.' 이때 '적합하지 않다' 는 것은 '도덕적으로 적합하지 않다' 는 것을 의미하는지 생각해 보아야 한다. 평가해야 할 관점과 관련이 없는 사실에 중요성을 부여하는 것은 합리적 판단을 방해한다.

평가자의 준거가 형식화되면 학생이 그 준거를 믿는지 그리고 그 준거를 믿는 근거가 있는지를 생각해 보도록 해야 하고, 준거가 사실을 가치 판단과 연결시킨다는 것을 분명히 밝혀야 한다. 준거는 사실과의 관련성을 평가하며, 결정해야 할 가치 판단과 동일한 관점에서 평가해야 하기 때문에 사실과 가치 판단을 연결시킨다.[15] 또한 가치 분석에서는 학생들이 수집한 사실의 관련성을 명료화하기 위해 '증거 카드' 를 사용하도록 하고 있다. 증거 카드의 가장 단순한 형식은 학생의 가치 판단, 평가 대상에 대해 학생이 제시한 사실, 사실의 관련성을 검사하기 위해 학생이 형식화한 준거를 적어 넣는다(그림 III-3 참조). 그리고 증거 카드 뒷면에는 사실에 대한 특별한 증거를 적어 넣는다(그림 III-4 참조).

지지 증거(긍정적)	반대 증거(부정적)
서울시의 구호 대상인 사람들은 한 달에 30만 원씩 받고 있으며, 직업이 없다.	구호 대상인 어떤 사람들은 직업이 없을지라도 열심히 일을 한다.
준거를 믿는 이유	준거를 믿지 않는 이유
그러나 관행은 인간의 존엄성과 자존심을 낮추고, 자신의 발전을 저해한다.	사람들이 통제력이 없는 제도의 희생자들일 때 그들의 생활수준을 높여 주는 것을 도덕적으로 나쁘다고 할 수 없다.

그림 III-4. 사실에 대한 지지 증거와 반대 증거, 준거를 믿는 이유와 믿지 않는 이유(뒷면)의 예

2.2 교수 전략의 적용

이 단계는 평가 대상에 대한 사실 정보를 수집하는 과정이다. 가치 판단을 내릴 때 평가 대상에 대한 사실 정보는 매우 중요하다. 평가 대상에 대한 사실적 지식이 정확하지 못하거나 폭넓지 않을 때에 내리는 가치 판단은 잘못될 수 있기 때문이다. 제②단계에서는 문제 사태와 관련된 사실적 지식을 파악하기 위한 단계로서 '평가 대상(가치문제 사태)과 관련된 광범위한 사실들을 수집하였는가'를 확인하는 과정이다. 즉, 평가 대상과 관련하여 최대한의 사실 정보를 얻는 과정이다. 또한 평가 대상과 관련된 사실들을 수집한 후, 이러한 사실들이 어떻게 상호 관련되며, 대안적 사실들은 무엇인가를 살핀다. 특히 평가 대상과 관련하여 여러 사실들을 종합하고, 결과를 예측하는 질문 전략도 필요하다. 또한 평가 주장에 대한 진위를 검사하기 위하여 '그 사실을 입증할 만한 자료는 무엇인

평가 대상: 분유			
기본적 관심	긍정적	부정적	보조적 가치 판단
건강	· 인체에 영향을 미칠 만큼 위험하지는 않다(검사 기관: 보건복지부).	· 분유에 발암성 물질이 들어 있다(검사 기관: 00 연구소). · 분유를 계속 먹일 경우 아기에게 위험할 수 있다.	· 분유를 먹이면 아기의 건강을 해칠 위험성이 있다.
경제성		· 모유보다 경제적으로 비용이 많이 든다.	· 분유는 경제적이지 못하다.
실용성	· 모유를 대신할 수 있는 대용 식품으로서 분유는 영양가도 높고, 구하기도 쉽다. · 요즈음 엄마들이 직장을 다니고 있어 분유를 많이 먹이고 있다.		· 엄마들이 직장 생활을 하는 데 편리하다.

그림 III-5-1. 평가 대상 '분유'에 대한 사실 수집표

가,' '어디에서 그 사실을 얻었는가,' 또는 '그 사실은 평가 대상과 어떤 관련이 있는가' 하는 식의 검토를 하는 단계이다. 다음의 예를 살펴보자.

철수네 엄마는 직장에 다니기 때문에 아기에게 모유 대신 분유를 먹이고 있다. 그런데 얼마 전에 분유에 발암성 물질이 들어 있다는 TV 보도가 있었다. 그러나 이러한 보도가 있고 난 후, 곧바로 '분유 속에서 발견된 발암성 물질의 양이 소량이어서 인체에는 해가 되지 않는다'는 보건복지부의 발표에 대한 보도가 있었다. 그러나 이러한 뉴스

평가 대상: 모유			
기본적 관심	긍정적	부정적	보조적 가치 판단
건강	· 모유는 아기에게 가장 적합한 영양을 공급한다.		· 아기의 건강에 모유가 좋다.
경제성	· 비용이 들지 않는다.		· 모유는 경제적이다.
실용성		· 직장 생활을 하는 엄마에게는 모유를 먹이는 데 문제가 많다(시간, 장소).	· 모유가 직장 생활을 하는 엄마에게는 실용적이지 못하다.

그림 III-5-2. 평가 대상 '모유'에 대한 사실 수집표

를 듣고서 철수 엄마는 분유를 먹여야 할지 아니면 모유를 먹여야 할지 고민이다.

이러한 가치문제 상황에서는 평가 대상과 관련된 사실 정보가 가치 판단에 중요한 영향을 미친다. 이때 평가 대상과 관련된 사실 정보를 위해, '분유 안에 있는 어떤 성분이 암을 유발할 수 있는지,' '그러한 사실을 어디에서 알게 되었는지,' '그러한 물질이 어떤 경로로 분유 안에 함유되었는지,' '아기에게 분유를 계속해서 먹였을 때 어떤 결과가 나타날 수 있는지,' 여기에 '얼마 후에 복지부에서는 분유에 함유된 발암성 물질의 양이 소량 들어 있으므로 건강에 전혀 영향을 미치지 않는다고 발표한 사실을 알고 있는지,' '그것이 사실이라면 어떻게 해야 할 것인지' 하는 문제의식을 토대로 사실 정보를 구한다.

이 단계에서는 합리적 평가를 위해서 평가 대상에 대한 전문적

이고 폭넓은 사실적 지식을 요구한다. 따라서 평가 대상에 관한 정확하고 폭넓은 사실적 지식을 획득하기 위해 충분한 시간적 여유가 필요하다. 평가 대상에 대한 이러한 사실적 지식을 위해 사실 수집표를 이용할 수 있다(그림 III-5-1, III-5-2 참조).

3. 가치 원리 수용성 검사

3.1 교수 전략

⑤ 잠정적 가치 결정 내리기

가치 분석의 과제 ②에서 ④까지는 평가 대상에 대한 사실 정보 수집과 관련된다. 이러한 사실적 지식을 토대로 평가자는 잠정적 가치를 결정한다. 평가자가 앞의 네 가지 과제를 잘 수행했다면 어느 정도 합리적 가치 결정에 이를 수 있을 것이다. 그러나 사실 탐구만으로 가치가 결정되는 것은 아니다. 잠정적 가치 결정 속에 함축되어 있는 가치 원리를 평가자가 수용할 수 있는지 여부를 검사한 후에야 비로소 최종 가치가 결정된다.

⑥ 원리 수용성 검사

가치 분석의 가치 결정 과정은 평가 대상에 대한 사실 탐구 과정을 통해 잠정적 가치를 결정하고, 그것에 포함되어 있는 가치 원리를 검사하는 원리 검사 과정을 두고 있다. 즉, 평가 대상에 대한 사실적 진술을 토대로 잠정적 가치가 결정되고, 이것은 그 안에 포함되어 있는 가치 원리의 검사 과정을 거침으로써 수정될 수 있다. 이러한 가치 결정 과정은 헤어가 주장하는 도덕적 추론 방법과 유사하다. 헤어에게 있어서, 도덕적 추론은 도덕 원리의 '결단' 과정으로 이해할 수 있다. 도덕적 선택 상황에서 숙고의 과정을 통해 도덕 원리를 결단한다. 이러한 도덕 원리는 다음의 조건을 충족시켜야 한다.

> 첫째, 관련된 사실에 관한 인지가 있어야 한다.
> 둘째, '규정성'과 '보편화 가능성'의 논리적 제약 요소를 지녀야 한다.
> 셋째, 인간은 여러 가지 소망, 욕구, 성향을 가지고 있기 때문에 이들 성향이나 이해관계를 고려해야 한다.
> 넷째, 자신을 유사한 상황의 타인의 입장에 놓을 수 있는 역지사지의 상상력을 요구한다.[16]

이처럼 도덕 원리의 결정은 이러한 제약 요소를 고려한 후 결단에 의해 결정된다. 그러므로 이러한 제약 요소는 평가자 자신의 결단의 제약 요소이기도 하다. 그러나 이들 결단의 제약 요소를 통한 검사 과정을 거친다고 해서 그 결단의 타당성이 충분히 검증된 것은 아니다. 결단의 정당화는 여전히 '결단' 그 자체에 머물러 있을 뿐이다. 즉, 추후의 실험 결과에 의해서, 예컨대 상황이 변한다든지, 고도의 상상력이 계발된다든지 하여 거부 혹은 수정될 때까지 그 원리는 잠정적으로 받아들여질 뿐이다.[17] 가치 분석은 이와 같은 가설 연역적 방법을 가치 판단의 결정 과정에서 구체화한다.

평가자는 평가 대상에 관한 사실 진술을 토대로 잠정적 가치 판단을 내린다. 그러나 이때의 가치 판단은 완전한 판단이 아닌 잠정적 판단이다. 왜냐하면 가치 판단은 사실만을 토대로 내려지는 것이 아니라, 가치 원리나 도덕 규칙을 함축하고 있어야 하기 때문이다. 그러므로 평가자가 내린 가치 판단 속에 평가자 자신이 수용할 수 있는 가치 원리가 포함되어 있을 때 합리적 판단이 될 수 있다.

여기에서 평가자는 자신이 내린 가치 판단 속에 포함되어 있는 가치 원리를 진정으로 수용할 수 있는지를 확인할 필요가 있다. 왜냐하면 평가자가 수용할 수 없는 가치 원리를 바탕으로 한 가치 판단이라면, 그것은 합리적 가치 판단이라 할 수 없기 때문이다. 따라서 합리적 가치 판단을 도출하기 위해서는 충실한 사실 정보 수집과 더불어 수용할 수 있는 가치 원리를 기반으로 해야 한다.

가치 원리의 수용성을 검사하는 작업은 상당히 어려운 일이다. 가치 원리의 수용성 검사에는 (1) 새로운 사례 검사, (2) 포섭 검사, (3) 역할 교환 검사, (4) 보편적 결과 검사가 있다.

가. 새로운 사례 검사New Cases Test

이 검사는 가치 원리를 명료하게 형식화한 다음, 논리적으로 관련이 있는 다른 유사한 경우에 적용했을 때 나오는 가치 판단을 받아들일 수 있는지를 생각해 보는 검사이다. 먼저, 이 원리를 적용하려면 가치 판단 속에 함축되어 있는 원리를 형식화하는 방법을 알아야 하고, 그 원리가 논리적으로 적용되는 사례를 찾아낼 수 있어야 한다. 원리가 논리적으로 적용되는 사례는 원리 속에 기술되어 있는 특성을 갖고 있는 사례를 말하며, 가치 판단 속에 함축되어 있는 원리를 형식화한다는 것은 평가 대상에 대한 가치 판단의 근거가 되는 사실들을 모으고, 이와 동일한 특징을 갖는 모든 경우에는 똑같은 가치 평가를 내린다는 것이다.[18] 예를 들면, 철수는

'자기보다 나이가 어린 영철이와 복도에서 부딪쳤을 때, 때려 주는 것이 옳다'고 판단했다고 가정하자. 이러한 철수의 가치 판단은 '복도에서 자기보다 어린 아이와 부딪쳤을 때에는 때려 주는 것이 옳다'는 원리에 토대를 두고 있다. 이러한 원리를 새로운 사례 검사에 적용해 보면, '내 동생이 나이가 많은 어떤 사람과 부딪쳤을 때 구타를 당해도 옳은가?' 라는 새로운 사례에 적용할 수 있다. 여기에서 만일 새로운 사례를 적용하였을 때, 즉 자기 동생이 똑같은 상황에서 맞아야 한다고 생각한다면 그 원리는 수용될 수 있는 것이지만, 그렇지 못할 경우에는 거부되어야 한다.

새로운 사례 검사의 첫 번째 단계는 우리가 내리는 도덕 판단 속에 포함된 도덕 원리와 논리적으로 일치하는 어떤 상상의 혹은 실제의 사례를 생각해 내는 것이다.[19] 위의 예에서 철수는 자기보다 어린 동생의 경우를 생각해 내어 그 '도덕 원리'를 검사하고 있다. 그리고 새로운 사례 검사의 두 번째 단계는 도덕적으로 문제가 된 최초의 행위에 대해 결정된 도덕 판단을 새로운 사례에서도 똑같이 수용할 것인가를 생각하는 것이다.[20] 위의 예에서 철수는 자기 동생의 경우에 그러한 도덕 판단을 수용할 것인지를 결정해야 한다. 즉, 자기 동생의 사례에서도 영철이의 경우에서처럼 똑같은 판단을 내릴 것인지 아니면 다른 판단을 내릴 것인지를 생각해야 한다(그림 III-6 참조).

나. 역할 교환 검사 Role Exchange Test

이 검사는 평가자가 상상력을 발휘해 그 원칙에 영향을 받는 다른 사람과 역할을 교환하는 검사로서, 평가자는 그 원칙이 적용되었을 때 자기가 그것을 수용할 수 있는지를 고려한다. 이러한 검사는 일상적으로 어떤 행동을 판단할 때 고려하는 검사라고 볼 수

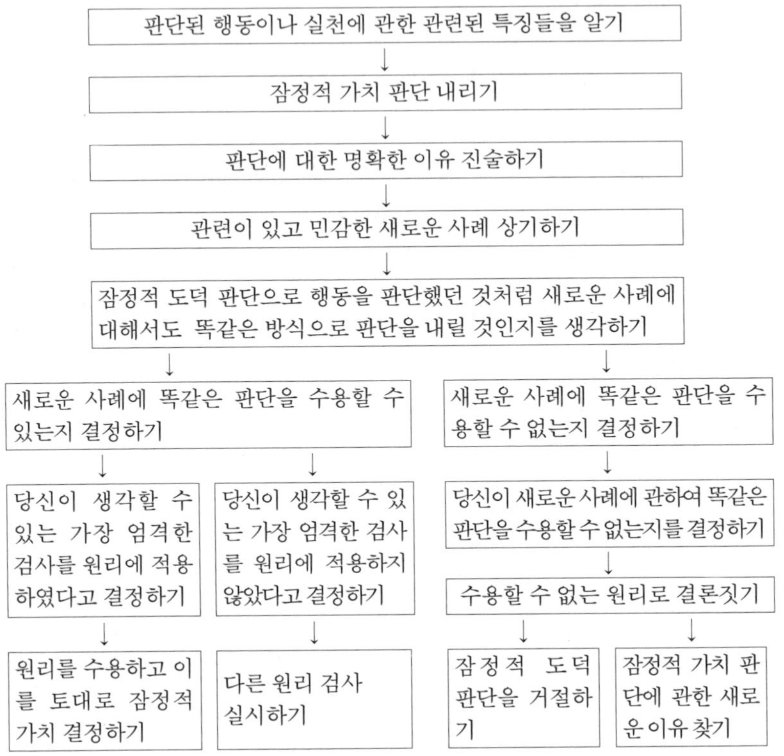

그림 III-6. 새로운 사례 검사의 절차
출처: J. R. Coombs, "Attainments of the Morally Educated Person," D. B. Cochrane (ed), p. 35.

있다. 예컨대 한 아이가 다른 아이를 괴롭힐 때, 우리는 보통 "얘, 상대방이 너를 괴롭히면 좋겠니?"라고 말하는데, 이것도 역할 교환 검사라고 볼 수 있다. 이러한 행동의 결과에 대해 상상을 통해 충분한 인식을 얻을 수 있다. 즉, 남의 입장에서 행동의 결과를 고려해 봄으로써 그 행동 결과의 수용 여부를 결정할 수 있다.

우리가 도덕 판단을 도덕 원리에 기초한다면, 어느 누가 그 행동에 참여한다고 하더라도 혹은 누가 그 결과를 경험한다고 하더라도 똑같은 상황에서는 똑같은 판단이 내려져야 한다.[21] 따라서 도덕적으로 문제가 되는 행위의 결과가 고통을 수반한다 하더라도 옳은 행위를 고려함으로써 원리를 검사할 수 있다. 예를 들어, 수경이가 언니의 옷을 허락 없이 입고 외출하려 한다고 가정해 보자(자기 옷보다 언니의 옷이 훨씬 좋기 때문에). 이때 수경이는 언니의 입장에서 이와 같은 행위를 고려해야 한다. 즉, 언니가 화를 낼지 어떨지를 생각해 보아야 한다. 만일 언니의 입장에서 그 행위를 수용할 수 없다면, 그 행위는 수용될 수 없을 것이다. 이렇게 된다면 수경이는 자기가 내린 판단을 재고해야만 한다.

역할 교환 검사는 두 단계로 적용할 수 있다.[22] 첫째 단계는 다른 사람의 입장에서 좋아할 것인지를 상상하는 단계이다. 위의 예에서 수경이는 언니의 입장을 고려해서, 만일 자기가 허락 없이 언니의 옷을 빌려 입는다면 언니는 어떤 기분일까 생각해 본다. 둘째 단계는 다른 사람의 입장에서 상상으로 경험한 결과의 행동을 행하는 것이 옳은 것인지를 결정하는 것이다. 위의 예에서 수경이는 언니의 입장에서 허락 없이 옷을 빌려 입고 나간다면 화를 낼 것이라고 생각하게 되고, 그래서 언니는 고통스러워 할 것이라고 생각한다. 여기서 수경이가 언니의 입장에서 그 행동을 수용할 수 없는 것이라고 생각한다면, 수경이 역시 그것을 수용하여서는 안 된다.

역할 교환 검사를 할 때, 몇 가지 주의해야 할 것들이 있다. 먼저, 이 검사는 '만약 당신이 그것을 한다면, 당신은 그것을 좋아하겠는가?' 하는 형식의 질문으로 시작한다. 이때 주의해야 할 점은 어떤 것을 행할 때 우리가 좋아할지 여부를 생각하는 것이 아니라 그것을 행하는 것이 옳은지 여부를 생각하는 것이다. 예컨대, 음식점에서 손님이 건강을 생각해서 깨끗한 음식을 요구하는 것이 옳은지를 결정한다고 하자. 이때 음식점 주인의 입장을 고려해 볼 때

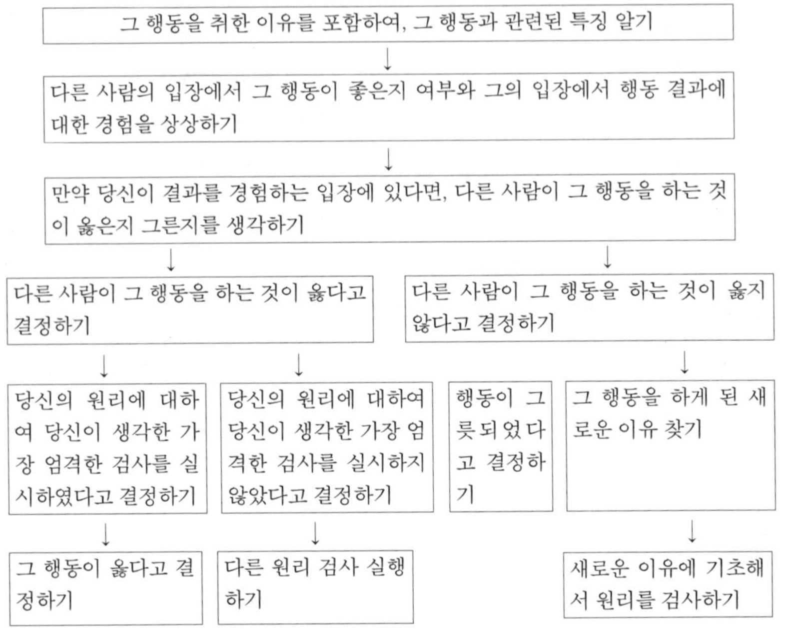

그림 III-7. 역할 교환 검사의 절차
출처: J. R. Coombs, "Attainments of the Morally Educated Person," D. B. Cochrane (ed), p. 39.

주인은 이러한 요구를 싫어할 수 있다. 그러나 이것은 주인의 생각과는 별도로 옳은 결정임이 분명하다.

또한 이러한 문제는 다른 사람의 입장에서 우리 자신을 생각한 후에 행동을 판단하는 상황에서도 나타난다. 예를 들면, 병을 고치기 위해 자기 자식에게 쓴 한약을 먹이려고 할 때, 아이가 먹지 않으려고 하는 상황에서 어머니가 약을 먹이는 것이 옳은 일인지를 결정한다고 하자. 이때 어머니는 자식의 입장으로 돌아가 그 입장에서 생각해 보니, 자신이 아이라 하더라도 약을 먹지 않으려고 할 것이라고 생각하고 한약을 먹이는 것을 포기한다면 그 결정은 옳지 않다. 여기서 중요한 점은 그 행동의 결과에 대한 예측이다. 다시 말해, 아이에게 약을 먹이지 않았을 때의 결과를 더 충분히 고려해야 한다는 것이다.

둘째는 다른 사람의 입장에서 고려할 때 자신이 그 사람과 똑같은 사람이라고 가정하는 것이다. 상상할 때 정확하지 못하면, 행동 결과에 대한 평가 역시 잘못될 수 있다. 예를 들어, 똑같은 농담이라도 어떤 사람은 그것을 대수롭지 않게 수용할 수 있지만, 어떤 사람은 그렇지 않을 경우가 있다. 만일 이러한 개인 간 차이를 이해하지 못한다면, 다른 사람의 입장을 정확하게 상상할 수 없다. 따라서 남의 입장을 정확하게 이해하려면 남의 관심, 기호, 민감성 등에 대해서도 알아야 한다(그림 III-7 참조).

다. 보편적 결과 검사Universal Consequence Test

만일 도덕 원리에 따라 행동한 결과가 수용할 수 없는 경우라면, 그 도덕 원리는 수용될 수 없으므로 원리를 수정하든지, 새로운 이유를 발견해야 한다. 이때 원리의 결과를 적용하는 대상이 개인인 경우도 있고, 전체인 경우도 있다. 보편적 결과 검사는 도덕적으로 문제가 되는 행위에 관하여 고려하고 있는 '모든 사람'에게 그것을 적용하였을 때의 결과를 생각하고, 이러한 결과를 수용할 수 있을지를 생각하도록 요구하는 방식이다.[23] 이러한 검사는 보통 행위의 잘못을 사람들에게 설득하는 방식으로 사용되었다. 예컨대 한 아이가 운동장에 휴지를 버렸을 때, '만일 모든 사람들이 그렇게 휴지를 버리면 운동장은 어떻게 될까?' 라고 질문할 수 있다.

보편적 결과 검사는 행동에 관한 이유를 포함하여, 그 행동의 특징에 관하여 분명히 한 다음 적용한다. 예를 들어, 철수는 자신의 자전거를 비에 젖지 않게 하기 위하여 학교 현관에 세워 두려 한다

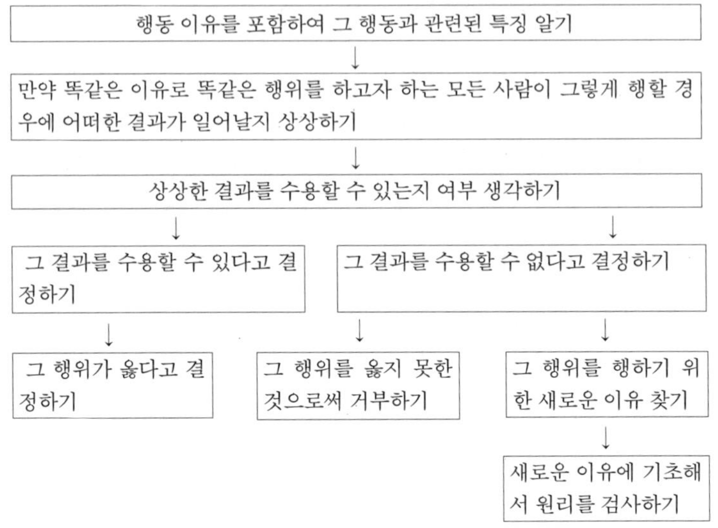

그림 Ⅲ-8. 보편적 결과 검사 절차
출처 : J. R. Coombs, "Attainments of the Morally Educated Person," D. B. Cochrane (ed), p. 42.

고 가정하자. 다행히 학교의 현관 공간은 여유가 있기 때문에 이러한 철수의 행동이 별 문제가 되지는 않는다. 여기서 철수는 모든 학생이 자신과 같이 학교 현관에 자전거를 주차하길 원한다면 어떤 결과를 초래하게 될 것인지를 고려해야 한다. 이때 현관에 주차하기를 원하는 학생 수가 100명 이상이고, 원하는 모든 학생이 학교 현관에 자전거를 주차할 경우, 그것은 사람들의 통행에 지장을 줄 뿐만 아니라 학교 현관을 더럽힐 가능성도 있다. 이와 같은 결과를 고려하여 철수는 학교 현관에 자전거를 주차하는 것이 옳지 않다고 결정한다.

보편적 결과 검사의 첫 단계는 만약 같은 이유로 같은 행동을 하려고 하는 모든 사람이 그렇게 한다면 그 결과는 어떻게 될 것인가를 상상하는 단계이다. 이 단계에서 유의해야 할 점은, 평가자는 많은 사실 정보를 가지고 있어야 한다는 것이다. 가령, 학교 현관에 주차하고자 하는 학생이 얼마나 되는가에 대한 사실 정보를 알고 있어야 한다. 원하는 사람이 적은 경우와 많은 경우에 그 행동의 결과는 달라질 수 있기 때문이다. 여기에서 평가자의 관심은 주차하기를 원하는 사람과 관련된다. 또한 결과를 상상할 때에도 얼마나 많은 사람들이 그러한 이유에서 그와 같은 행동을 할 것인지 그리고 그러한 행동 결과에 대해서도 예측을 할 수 있어야 한다. 보편적 결과 검사 후에 그 검사 결과를 수용할 수 없다면 옳지 않다고 결론을 내려야 한다(그림 Ⅲ-8 참조).

라. 포섭 검사Subsumption Test

포섭 검사는 자신이 이미 받아들인 보다 일반적인 가치와 자신이 받아들일 가치 원리의 비교를 통해 그 관계를 검사하는 단계이다. 즉, 이미 받아들인 일반적 가치 원리로부터 검사되고 있는 가치 원리가 타당하게 연역되는가를 보여 주는 것이다. 만일 우리의 가치 판단이 기초하고 있는 원리가 이미 수용된 좀 더 포괄적인 원리로부터 연역된다면, 그것은 수용되어야만 한다. 이것은 가치문제 상황에서 가치 원리를 좀 더 포괄적인 가치 원리에 포함시켜 정당화하는 방법이다.[24] 결국 도덕 판단을 치지하는 가치 원리가 보다 높은 도덕 원리와 일치하는가를 결정하는 것이다. 예를 들면, '선생님이 잠깐 교실을 비운 사이에 교실에서 술래잡기를 할 것인가' 하는 문제를 결정하려 한다고 가정하자. 이때 선희는 스스로에게 '왜 교실에서 술래잡기를 하는 것이 옳지 않은가' 하는 질문을 함으로써 이 검사를 시작할 수 있다.

이에 대한 대답으로, '만일 교실에서 술래잡기를 한다면 선생님께서 전시하신 전시물들을 손상시킬 수가 있으므로 그러한 행위는 옳지 않다' 라고 결정할 수 있다. 그리고 여기에 또다시 '일시적인 즐거움을 위해서 교실 전시물을 손상시키는 것이 왜 옳지 않은가' 라는 질문을 덧붙일 수 있다. 이에 대한 대답으로 '교실 전시물을 손상시키는 것은 결과적으로 다른 사람이 소유하고 있는 물건을 파괴하는 것이며, 따라서 일시적인 재미를 위해서 다른 사람의 물건을 파괴하는 것은 옳지 않다' 라고 답변할 수 있다.

이를 형식화하면 다음과 같이 두 단계로 나타낼 수 있다.

1. ① 대전제(포괄적 도덕 원리): 일시적인 재미를 위해 다른 사람의 재산을 손상시키는 것은 옳지 않다.

② 소전제(사실 정보): 교실 전시물을 손상시키는 것은 결과적으로 다른 사람의 재산을 파괴하는 것이다.

③ 결론(도덕 판단을 기초하고 있는 도덕 원리): 일시적인 재미를 위해서 교실 전시물을 손상시키는 것은 옳지 않다.

2. ① 대전제(도덕 판단의 기초가 되는 도덕 원리): 일시적인 재미를 위해서 교실의 전시물을 손상시키는 것은 옳지 않다.

② 소전제(사실적 이유): 술래잡기는 일시적인 재미를 위해서 교실 전시물을 손상시키는 것이다.

③ 결론(도덕 판단): 교실에서 술래잡기를 하는 것은 옳지 않다.

이러한 두 단계는 포섭 검사를 적용할 때의 선희의 추론 과정이다. 포섭 검사를 하는 첫 단계는 도덕 판단에 대한 이유를 명료화하는 것이다.[25] 즉, 선희는 자신에게 '술래잡기를 하는 것이 왜 잘못인가' 라는 질문을 던지고, 이에 대하여 '술래잡기를 하는 것은 일시적인 재미를 위해 교실의 전시물을 손상시키는 것이다' 라고 답변하는 단계이다.

두 번째 단계는 도덕 판단의 기초가 되는 도덕 원리를 명료화하는 것이다. 여기에서는 도덕 판단에 대한 이유로서 제시된 행동에 관한 사실들을 마음에 간직한 후에, '왜 그 행동에 관한 사실들이 그렇게 판단하는 이유로서 간주되어야 하는가?' 라는 질문을 하고, 이에 대한 답변을 통해 도덕 판단이 기초하고 있는 도덕 원리를 드러내는 단계이다. 즉, '일시적인 재미를 위해 교실에서 술래잡기를 하는 것이 교실 전시물을 손상시킨다' 는 사실로부터 '왜 술래잡기를 하는 것이 잘못된 것으로 간주될 수 있는가' 를 생각하게 하는 단계이다. 두 번째 단계를 분명하게 함으로써 도덕 판단의 기초가 되는 도덕 원리를 분명히 할 수 있다.

포섭 검사에서 도덕 원리를 공식화할 때 유의할 점은, 첫째, 공식화에는 도덕 판단에서 사용된 것과 같은 평가 용어를 항상 포함해야 한다. 즉, 도덕 판단에 어떤 것이 행해져야 한다고 언급된다면 원리의 형식에도 역시 어떤 것이 행해져야 한다고 언급되어야 하며, 도덕 판단에서 언급된 '잘못이다' 라는 가치의 언사는 도덕 원리의 형식 속에서도 언급되어야 한다는 것이다. 둘째, 원리에 언급된 종류의 행동은 최초의 도덕 판단에 대한 이유로서 주장되었던 것과 같은 종류의 특징을 갖는 행위라는 점이다. 다시 말해, 위의 예에서 그 행동이 잘못이라고 판단하는 이유는 '일시적인 재미를 위해서 교실 전시물을 손상시킬 수 있다' 는 점이다. 그러므로 선희의 도덕 원리를 형식화함에 있어서 적용되는 '잘못이다' 라는 언사에 대한 행위의 부류는 일시적인 재미를 위해 교실 전시물을 손상시키는 어떤 부류의 행위이다. 따라서 도덕 판단에서 사용된 평가 용어를 채택하고, 도덕 판단에 대한 이유를 주장된 특징을 갖는 그러한 행동 부류에 적용함으로써 도덕 원리를 형식화한다. 즉, 선희의 도덕 원리의 관심은 일시적 재미를 위해 교실 전시물을 손상시

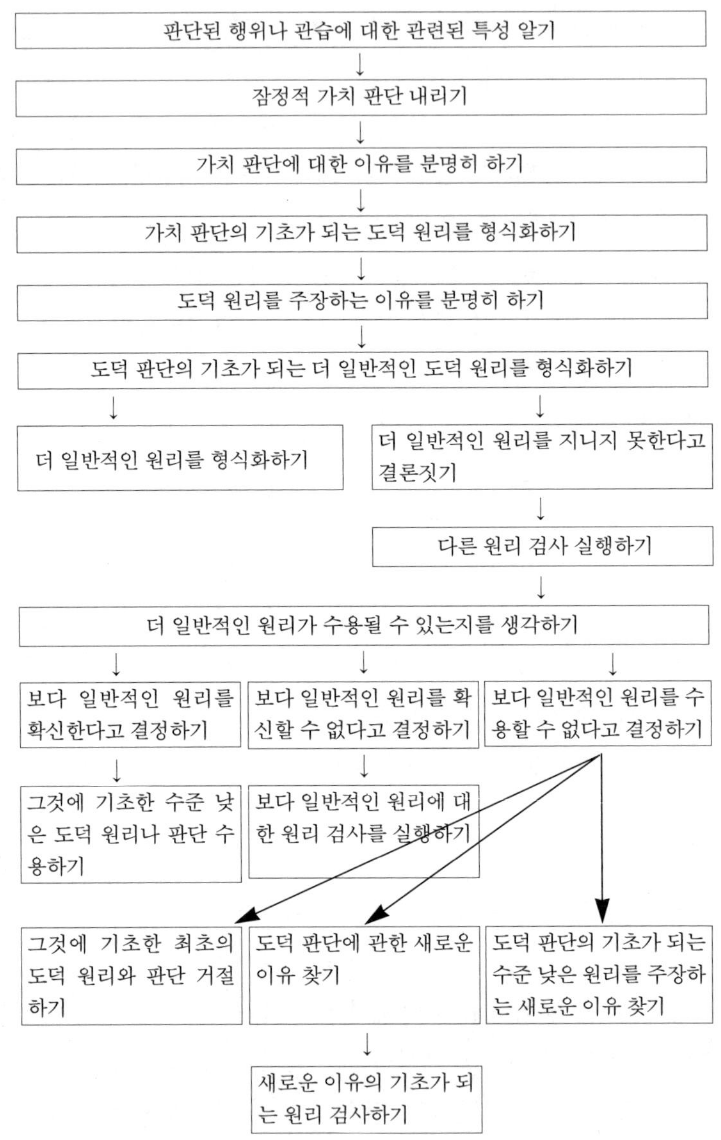

그림 Ⅲ-9. 포섭 검사의 절차

출처 : J. R. Coombs, "Attainments of the Morally Educated Person," D. B. Cochrane (ed), p. 47.

키는 행위를 포함하는 그런 부류의 행위일 것이다.

이와 같은 이유를 발견하기 위하여 자기 자신에게 '왜 그러한 행위가 그릇된 것일까'라고 반문한다. 이때 이러한 이유를 지닌 행위의 특징은 '일시적 재미를 위해 다른 사람의 재산을 파괴하는 일'이 될 것이다. 그러므로 도덕 원리의 기초가 되는 보다 일반적인 원리에 의해 이와 같은 특징을 지닌 행위들은 잘못된 행위가 된다. 따라서 도덕 원리를 이끌어 내는 보다 일반적인 도덕 원리를 수용할 수 없을 때 포섭 검사는 실패하게 된다(그림 Ⅲ-9 참조).

3.2 교수 전략의 적용

제⑤단계는 평가 대상에 관한 지금까지의 사실 정보를 토대로 잠정적 가치를 결정한다. 여기에서는 '어떤 가치 혹은 도덕적 결정을 내릴 수 있을까,' 그리고 '그 이유는 무엇인가,' 혹은 '가치 결정 안에 포함된 가치(도덕) 원리는 무엇인가'에 주목한다. 잠정적 가치 결정 과정에서 어떻게 그것을 결정하는지 또는 어떤 가치 원리에 기초해서 가치를 결정하고 있는지를 파악하는 것이 중요하다. 왜냐하면, 다음 단계가 잠정적 가치 결정에 함축된 가치 원리를 검토하는 과정이기 때문이다. 또한 잠정적 가치 결정은 확정적인 결정이 아니라 말 그대로 변화 가능한 가치 결정이다. 따라서 잠정적 가치 결정과 최종 가치 결정 사이에 어떤 변화가 있을 것을 예상하고 관심을 가져야 한다. 예컨대 분유에 발암성 물질이 함유되어 있기 때문에 '아기에게 분유를 먹여서는 안 된다'라는 잠정적 가치 결정을 내릴 수 있다. 여기에서의 가치 원리는 '아기에게 발암성 물질이 들어 있는 분유를 먹이는 것은 옳지 않다'라고 할 수

	가치 결정 ①	아기에게 분유를 먹여서는 안 된다.
	결정 이유	분유에는 발암성 물질이 들어 있다.
잠정적 가치 결정	가치 원리	아기에게 발암성 물질이 들어 있는 분유를 먹이는 것은 옳지 않다.
	가치 결정 ②	아기에게 분유를 먹여도 좋다.
	결정 이유	분유에 건강을 해칠 정도로 발암성 물질이 들어 있는 것은 아니다(보건복지부).
	가치 원리	아기의 몸에 해가 되지 않는 분유는 먹여도 좋다.

그림 III-10. 잠정적 가치 결정표

있다. 또는 보건복지부의 주장을 신뢰한다면, '아기에게 분유를 먹여도 좋다' 라는 가치 판단을 내릴 수도 있을 것이다. 여기에서의 가치 원리는 '아기의 몸에 해가 되지 않는 분유는 먹여도 좋다' 라고 할 수 있다. 이를 도식화하면 그림 III-10과 같다.

제⑥단계는 원리의 수용성을 검사하는 과정으로, 역할 교환 검사, 새로운 사례 검사, 보편적 결과 검사, 포섭 검사가 있다. 이러한 원리 검사 단계는 잠정적 가치 결정에 포함된 가치 원리를 검토하는 과정이다. 잠정적 가치 결정에 포함되어 있는 가치 원리에 대한 원리 검사를 거쳤을 때 비로소 자신의 진정한 가치가 되는 것이다. 즉, 가치 원리의 검사 과정을 통해 결정된 가치 원리는 그와 유사한 상황에 직면하였을 때 동일한 가치 결정을 할 수 있는 그러한 보편적 원리이어야 한다. 가치 원리의 수용성 검사를 위해, 먼저 새로운 사례에 적용하기 위해서 '이 경우와 반대되는 경우에는 어떻게 할 것인가' 라는 질문과 '이 경우가 자신에게 적용된다면 어떻게 하겠는가' 라는 질문을 통해 역지사지의 사고를 이끌어 낼 수 있다. 그리고 '이 경우보다 일반적인 원리를 적용할 수 있는 경우는 무엇인가'라는 질문으로 포섭 검사를 할 수가 있으며, '이러한 경우가 모든 사람에게 적용된다면 그 결과는 어떻게 되겠는가' 하는 질문을 통해 보편적 결과 검사를 할 수 있다. 다음의 가치(도덕적) 문제를 통해 역할 교환 검사, 새로운 사례 검사의 교수-학습 전략에 대해 살펴보자.

> 엄마는 수경이에게 두부를 사오라고 천 원을 주셨다. 두부를 사려고 구멍가게에 갔더니 평소에 먹고 싶던 과자도 있었다. 두부는 값이 7백 원이었고, 과자는 5백 원이었다. 수경이는 두부를 사고 거스름 돈 3백 원을 받았는데, 집으로 오는 도중에 거스름돈을 살펴보니 7백 원이었다. 주인 할머니가 백 원짜리 동전 하나를 5백 원짜리로 잘못 주신 것이었다. 다시 가게로 가서 정직하게 돌려드릴까? 아니면 먹고 싶은 과자를 사먹을까?

여기에서 수경이는 잘못 받은 거스름돈으로 자기가 먹고 싶은 과자를 사고 싶은 충동을 느끼며 갈등하고 있다. 이때 도덕적으로 문제가 되는 것은 수경이가 잘못 받은 거스름돈으로 과자를 살 경우이다. 이 경우의 가치 원리는 '고의적이지 않은 방법으로 자신의 이익을 취하는 것은 그릇된 것이 아니다'라고 할 수 있다. 이때 역할 교환 검사와 새로운 사례 검사로 수경이의 가치 원리를 수정할 수 있다. 예컨대 수경이에게 '할머니 입장이 되어 보면 어떨까?'라는 역할 교환 검사의 질문을 할 수 있다. 그리고 '할머니가 거슬러 주신 거스름돈이 오백 원짜리가 아니라 십 원짜리라면 어떻게 했을까?'라는 새로운 사례 검사의 질문을 함으로써 '고의가 아니라 하더라도 부당한 방법으로 자신의 이익을 취하는 것은 옳지 않다'라는 가치 원리로의 수정이 가능할 것이다(그림 III-11-1 참조).

도덕적으로 문제가 되는 경우	잘못 받은 거스름돈으로 자기가 먹고 싶은 과자를 샀다.	
가치 원리	고의적이지 않은 방법으로 자신의 이익을 취하는 것은 그릇된 것이 아니다.	
가치 원리 검사	역할교환검사	· 할머니의 입장이 되어 생각해 보면 어떨까?
	새로운 사례 검사	· 할머니가 거슬러 주신 거스름돈이 오백 원짜리가 아니라 십 원짜리였다면 어떻게 했을까?
	가치원리의 수정	· 고의가 아니라 하더라도 부당한 방법으로 자신의 이익을 취하는 것은 옳지 않다.

그림 III-11-1. 가치 원리 검사 (1)

다음은 보편적 결과 검사와 포섭 검사의 질문 전략을 살펴보자.

시골에 사시는 할머니가 위급하시다는 전화가 왔다. 경수네 가족 모두는 크게 걱정을 하면서, 할머니 댁으로 출발했다. 아빠는 조급한 나머지 과속을 하시게 되었고, 결국 경찰관의 단속에 적발되었다. 이때 경찰관 아저씨는 돈을 요구하는 듯하였다. 그 순간 아빠께서는 돈을 주고 이 상황을 벗어나야 할지 아니면 '적발 고지서'를 받아야 할지 고민하는 것 같았다. 경수는 얼마 전에 TV 뉴스 시간의 '카메라 출동'에서 보았던 것과 유사한 상황이 일어나고 있는 것을 보고 마음이 무거웠다.

여기에서 경수는 아빠의 고민을 발견하고, 자기 나름대로 '그 상황에서 올바른 판단이 무엇인가'를 생각하고 있다. 만약 아빠가 돈을 주고 이 상황을 모면한다면, '과속으로 적발되었을 경우에 경

도덕적으로 문제가 되는 경우	아빠가 과속으로 적발되었을 때 경찰관에게 돈을 주고 위법 행위를 모면하려 함.	
가치 원리	교통 법규를 위반했을 경우에 경찰관에게 뇌물을 주고 위법 행위로부터 벗어나는 것은 나쁘지 않다.	
가치 원리 검사	포섭검사	· 교통 법규를 위반했을 때 경찰관에게 돈을 주고, 이를 해결하는 것은 나쁘지 않은가?
	보편적결과 검사	· 모든 사람들이 과속으로 적발되었을 때 경찰관에게 돈을 주고 위법 행위로부터 벗어난다면 이 사회는 어떻게 될까?
	가치원리의 수정	· 교통 법규를 위반하고 이를 돈으로 해결하는 것은 옳지 않다.

그림 Ⅲ-11-2. 가치 원리 검사 (2)

찰관에게 뇌물을 주고 법으로부터 벗어나는 것은 나쁘지 않다' 라는 가치 원리를 따르는 것이라고 볼 수 있다. 이러한 가치 원리에 대하여 보편적 결과 검사 방법인 '모든 운전자들이 과속으로 적발되었을 때 경찰관에게 돈을 주고 법의 처벌로부터 벗어난다면 이 사회는 어떻게 될까' 라는 질문과 포섭 검사 방법인 '교통 법규를 위반했을 때에 경찰관에게 돈을 주고 이를 해결하는 것은 나쁘지 않은가' 라는 질문을 통해 학생들로 하여금 '과속으로 적발되었을 때 이를 돈으로 해결하려고 하는 것은 옳지 않다' 라는 가치 원리로의 수정을 이끌어 내게 할 수 있을 것이다(그림 Ⅲ-11-2 참조).

마지막 단계는 최종 가치를 결정하는 과정이다. 평가 대상에 대한 합리적 사실 정보를 토대로 잠정적 가치를 결정하고, 그것에 포함되어 있는 가치 원리에 관한 원리 수용성 검사를 통해 최종 가치를 결정한다. 이 과정에서 최종 가치 결정의 단계로서 잠정적 가치 결정 때와 관련하여 '처음 가치를 결정했을 때와 지금은 무엇이

잠정적 가치 결정	긴급한 상황에서 과속으로 적발되었을 때 돈을 주고 법으로부터 벗어나는 것은 나쁘지 않다.
가치 결정 이유	· 할머니께 얼른 가야 한다. · 범칙금보다 경찰관에게 주는 돈의 액수가 더 적어 경제적으로 이익이다. · 법대로 처리하면 여러 가지 절차로 인해 시간적으로 손해다. · 벌점 부과로 불리하게 된다.
최종 가치 결정	과속으로 적발되었을 때 이를 돈으로 해결하려고 하는 것은 옳지 않다.
수정 이유	보편적 결과 검사를 통해 '모든 운전자들이 과속으로 적발되었을 때 경찰관에게 돈을 주고 법으로부터 벗어난다면, 이 사회의 교통 법규는 법으로서의 통제력을 잃고 만다' 라는 가치를 도출해 낼 수 있다.

그림 III-12. 최종 가치 결정

달라졌는가,' 그리고 '그 이유는 무엇인가' 혹은 '왜 그런 가치를 결정하게 되었는가' 라는 관점에서 가치 결정이 정당한 근거에 의해 이루어졌는가를 확인할 수 있을 것이다(그림 III-12 참조).

이처럼 가치 분석의 교수 전략은 평가 대상에 대한 폭넓은 사실 정보와 가치 원리의 수용성 검사를 통해 가치 결정(도덕적 판단)을 한다. 이처럼 가치 분석 교수 전략은 가치(도덕적)문제 상황에 직면하여 그것을 합리적으로 해결하기 위한 전략이다.

4. 가치 분석 교수 전략 적용의 예

일반적으로 학교 교육에서 가치 판단의 문제 중 중요하게 다루어야 할 부분은 도덕적 관점이라고 할 수 있다. 왜냐하면 도덕적 관점은, 앞 장에서 고찰했듯이, 여러 관점들을 고려한 종합적인 판단을 요구하고 있기 때문이다. 따라서 여기에서는 주로 도덕적 판단에 적용할 수 있는 사례를 제시하고자 한다. 교실 수업에 적용할 수 있는 가치 교육을 위한 가치 분석의 6가지 과제 수행의 교수-학습 과정은 그림 Ⅲ-13과 같은 유형이 될 수 있다.[26]

4.1 가치 분석 과제 수행의 교수-학습 과정

이러한 6단계 교수-학습 과정은 각 단계마다 구체적 활동 전략을 제시할 수 있다. 이를 도식화하면 표 Ⅲ-14와 같다.

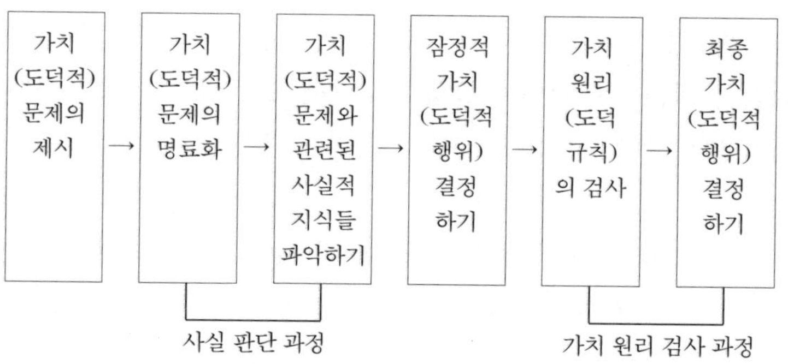

그림 Ⅲ-13. 가치 분석 과제 수행의 교수-학습 과정

가치 분석 단계	가치 분석 내용
① 가치(도덕적)문제의 제시	· 가치(도덕적)문제 제시
② 가치(도덕적)문제의 명료화	· 가치(도덕적)문제의 인식 · 가치 판단의 대상 확인 · 용어의 정의 · 가치 판단의 관점 확인
③ 가치(도덕적)문제와 관련된 사실 지식 파악하기	· 가치(도덕적)문제와 관련된 광범위한 사실들 알아보기 · 사실 주장 평가하기 · 사실과의 관련성 명료화하기
④ 잠정적 가치 결정하기	· 잠정적 가치 결정하기 · 가치 원리 구체화하기
⑤ 가치 원리의 검사	· 새로운 사례 검사 · 포섭 검사 · 역할 교환 검사 · 보편적 결과 검사
⑥ 최종 가치 결정	· 최종 가치 결정

그림Ⅲ-14. 가치 분석 과제의 교수-학습 과정

4.2 교수 전략의 적용 예

가치 분석 모형은 주로 환경, 인구, 교통, 사회 정책 등 사회 윤리적 문제를 다루기에 적합하다. 다음은 초등학교 6학년 1학기 도덕과 교과서에 나오는 영국 수상 처칠에 관한 이야기이다.[27]

처칠 수상이 하루는 국회에 나가서 연설을 하게 되었는데, 손님을 맞이하다가 시간이 늦었습니다. 그래서 신호를 무시해서라도 예정된 시간 안에 도착하도록 하라고 운전기사에게 지시하였습니다. 국회로 가는 도중에 교통 경찰관이 달려와서 차를 세웠습니다. 운전기사는

지도 단계	가치문제의 명료화
· 가치문제 상황의 인식	· 어떤 가치문제가 발생했는가? · 여기서 논의하려는 문제의 핵심은 무엇일까? · 왜 이러한 문제가 제기되었을까?
· 용어의 정의	· 수상이란?

그림 III-15. 가치(도덕적)문제의 명료화

당연하다는 듯이 말했습니다. "수상 각하의 차요. 지금 국회에 가는 길인데, 시간이 늦어 급히 가는 중이오." 그러나 교통 경찰관은 이렇게 말하는 것이었습니다. "수상 각하를 닮긴 닮았는데, 수상인 처칠경의 차가 교통 규칙을 위반할 리가 없소. 면허증을 내놓고 내일까지 경찰서로 출두하시오." 교통 경찰관은 수상의 차를 교통 법규 위반으로 적발하였습니다.

① 가치(도덕적) 문제의 제시

가치(도덕적)문제 상황은 일반적으로 유인물이나 녹음기, 괘도, 혹은 VTR, 인터넷 자료를 이용하며, 때로는 아동이 직접 역할 놀이를 통해 제시할 수도 있다. 위의 예시와 같은 갈등 사태에서는 학생들로 하여금 직접 역할 놀이를 해보게 함으로써 가치(도덕적)문제를 쉽게 파악하게 할 수 있을 것이다.

② 가치(도덕적) 문제의 명료화

이 단계에서는 '논의하고자 하는 문제가 무엇인지'를 명료화한다. 이를 위해 용어를 정의하거나, 논의하고자 하는 '관점'을 분명히 한다. 즉, 가치(도덕적)문제의 확인과 논점을 분명히 하는 질문을 통해 이번 시간에 논의하고자 하는 문제를 확인한다. 예를 들

지도 단계	관련된 사실 지식 파악하기
· 문제 사태와 관련된 사실 지식 파악하기	· 수상이 하는 일은? · 어디에서 이러한 사실을 알았나? · 수상이 하는 일은 어떻다고 생각하는가? · 수상이 하는 일이 정말로 국가의 중요하고 어려운 일인가? · 국가의 일을 수행하는 사람들은 법을 위반했을 때 관용을 베풀어야 하는가? · 수상의 차를 적발한 경찰관이 자신에게 어떤 불이익을 초래할 수도 있다는 것을 인식한다면 어떻게 했을까? · 법이 불공평하게 집행된 사실을 말해 보자 · 이러한 사례가 우리가 논의하고자 하는 문제와 관련이 있는가? 그 이유는 무엇인가?

그림 III-16. 문제 사태와 관련된 사실 지식 파악하기

면, '어떤 문제가 제기되고 있는가' 혹은 '수상이나 법이 무엇인지'를 확인한다. 이를 도식화하면 그림 III-15와 같다.

③ 가치(도덕적) 문제와 관련된 사실 지식 파악하기

이 단계에서는 가치(도덕적) 문제와 관련된 사실 지식을 파악하고, 관련성을 명료화하는 과정이다. 즉, '수상이 하는 일'에 관한 사실 자료를 수집하고, '수상의 역할'과 '법 집행'과의 관련성을 알아본다(그림 III-16 참조).

④ 잠정적 가치 결정하기

이 단계에서는 앞에서의 도덕적 문제 사태와 관련된 사실 지식을 토대로 잠정적 가치를 결정하고, 가치 결정 속에 포함되어 있는

지도 단계	잠정적 가치 결정하기
· 평가 대상에 대한 사실 정보를 토대로 가치 판단 내리기. 그리고 그 이유 알기	· 교통 규칙을 위반한 수상의 차를 적발한 경찰관의 행위는 옳다. 왜냐하면 법은 누구에게나 공정하게 집행되어야 하니까(가치 원리: 법은 누구에게나 공정하게 집행되어야 한다). · 교통 규칙을 위반한 수상의 차를 적발한 경찰관의 행위는 옳지 않다. 왜냐하면 국가의 중대사를 위해서는 급하게 처리해야 할 일이 많기 때문이다(가치 원리: 법은 특별한 경우에 예외로 적용될 수 있다).

그림 III-17. 잠정적 가치 결정 내리기

가치 원리를 드러내어 보는 과정이다. 잠정적 가치 결정 속에 포함된 가치 원리를 밝힘으로써 가치 결정이 타당한 원리에 의해 내려진 결정인가를 확인하는 단계로 넘어갈 수 있다. 이 과정은 다음 단계인 가치 원리 검사 단계에서 실시된다. 예컨대 '교통 규칙을 위반한 수상의 차를 적발한 경찰관의 행위는 옳다' 라는 가치 결정 속에 포함되어 있는 가치 원리는 '법은 누구에게나 공정하게 집행되어야 한다' 라고 볼 수 있다(그림 III-17 참조).

⑤ 가치 원리의 검사

이 단계에서는 앞 단계에서 드러난 가치 원리를 검사하는 과정이다. 즉, 가치 결정 속에 포함된 가치 원리가 타당한지를 원리 검사의 네 과정을 통해 검사한다. 이 과정을 도식화하면 그림 III-18과 같다.

⑥ 최종 가치 결정하기

마지막 단계는 최종적으로 가치를 결정하는 과정이다. 이 단계

지도 단계	가치 원리의 검사
· 새로운 사례 검사하기	· 만약 영업용 택시가 교통 법규를 위반했을 때에는 어떻게 하겠는가?
· 역할 교환 검사하기	· 만약 자기 자신이 고위 공무원이라고 가정할 때에도 동일한 법 적용을 원하는가?
· 보편적 원리 검사하기	· 모든 고위 공무원들이 유사한 상황에서 법의 예외를 인정한다면 사회질서는 어떻게 될까?
· 포섭 검사	· 법을 위반하면 지위 고하를 막론하고 단속해야 하는가?

그림 III-18. 가치 원리의 검사

지도 단계	최종 가치 결정하기
· 최종 가치 결정하기	· 최종적으로 어떤 결정을 하였는가? 그리고 그 이유는 무엇인가? · 처음 결정과 다른 점이 있다면 무엇이고, 그 이유는 무엇인가?

그림 III-19. 최종 가치 결정하기

는 잠정적 가치 결정에 대한 가치 원리 검사를 통해 최종적으로 가치를 결정하는 과정이다. 따라서 이때의 가치 결정은 가치 분석 6단계를 거치면서 결정된 가치로서 평가자 자신의 결단의 산물이다. 그러므로 여기에서 결정된 가치는 절대적 가치는 아니며, 정당한 근거에 의해 언제든지 다시 수정될 수 있는 것이다(그림 III-19 참조).

2. 가치 분석의 절차

앞 장의 가치 분석의 교수 전략에서는 교사가 학생들의 합리적 사고 능력과 성향을 배양하기 위해 가치 분석을 실행하는 방법에 대해 논의하였다. 이 장에서는 또 다른 두 가지 가치 분석 교수 과정 — '기초 가치 분석 과정'과 '확대 가치 분석 과정' — 에 대해 살펴보고자 한다.[28] 기초 가치 분석 과정은 평가적 추론 과정에서 요구하는 조건을 만족시키는 가치 분석 과정은 아니다. 다만, 기초 가치 분석 과정은 확대 가치 분석 과정으로 진행하기 위한 기초이다. 확대 가치 분석 과정의 합리성의 조건이나 기준은 평가적 추론 과정에서 요구하는 조건에 부합한다. 다시 말해, 여기에서도 앞 장에서 고찰했던 가치 분석의 6가지 과제와 마찬가지로 사실(판단)과 가치 원리에 의한 가치 판단이 고려된다는 것이다. 가령, 확대 가치 분석 과정에서도 사실들에 대해 값을 부여하고, 가치 원리와 가치 판단이 일관성을 유지해야 하며, 사실과 가치 판단을 지지하는 그에 상응하는 준거가 반드시 있어야 한다는 것이다. 먼저, 기초 가치 분석 과정을 살펴보자.

1. 기초 가치 분석 과정

가치 분석 과정은 기초 가치 분석 과정과 확대 가치 분석 과정으로 나뉜다. 기초 가치 분석 과정은 ① 주제의 선택, ② 적절한 자료 제공, ③ 적절한 분위기 조성, ④ 긍정적 진술과 부정적 진술의 목록 작성과 순위 결정, ⑤ 학급 토론, ⑥ 해결 가능한 안의 형식화, ⑦ 질의응답, ⑧ 관찰 및 제언의 8가지 단계가 있다.

① 주제의 선택
주제의 범위를 정할 때에는 허용된 학습 시간을 고려하여 정한다. 가령, 학습 시간이 많을 경우에는 광범위한 주제를 정하여 가치 분석을 할 수 있지만, 학습 시간이 적을 경우에는 그에 맞는 적절한 주제를 선정하도록 한다.

② 적절한 자료의 제공
교사가 학생들에게 자료를 직접 구하여 제공하는 것보다는 자료를 구하는 방법을 알려주는 것이 더 중요하다. 학교 밖에서 자료를 찾도록 하고, 가능한 많은 자료를 얻도록 독려한다.

③ 적절한 분위기 조성
학생들은 다른 학생의 권리를 침해하거나 토론을 방해하지 않도록 하고, 자유로운 토론 분위기를 조성하는 것이 중요하다.

④ 긍정적 진술과 부정적 진술의 목록 작성과 순위 결정
학생들은 주제에 대한 긍정적 진술과 부정적 진술의 목록을 작

주제: 범죄	
부정적	긍정적
1. 흑인은 전체 인구의 12%를 차지하고 범죄의 53%를 일으킨다.	1. 구치소나 교도소에는 절도범이나 살인범보다 주정꾼이나 부랑자가 더 많다.
2. 재산을 파괴하고 살인을 한다.	2. 법 집행 기관들이 일을 잘하고 있다.
3. 범죄는 전체 인구보다 6% 빨리 증가한다.	3. 교도소 수용 인원이 줄고 있다.
4. 법정이 미어터진다.	4. 총기 규제에 대한 안건이 있다.
5. 범죄 해결에 상당히 많은 돈이 필요하다.	5. 조직범죄가 과거에 비해 나쁘지 않다.
6. 모든 사람의 삶을 불행하게 만든다.	6. 시민에게 직업을 제공한다.
7. 법정이 너무 쉽게 다룬다.	7. FBI (연방수사국)
8. 너무 많은 종류의 범죄가 발생한다.	8. CIA (중앙정보국)
9. 도청은 불법이다.	9. 법 집행의 필요를 창출한다.
10. 법의 집행자가 충분하지 않다.	10. 마약 중독이 범죄를 증가시키지 않으며 범죄의 원인도 아니다.
11. 범죄와 싸우는 데 사용되는 장비가 부족하다.	11. 폭력 범죄보다 경범죄가 많다.
12. 경찰의 관점과 반대되는 법정의 판결이 있다.	12. 범죄가 법이 약한 것에 기인하는 것이 아니라 14-19세의 인구 증가에 기인한다.
13. 사람들(서민들)이 별로 개의치 않는다.	
(마지막 7개는 순서대로가 아님)	(마지막 6개는 순서대로가 아님)

그림 III-20. 학생의 도표: 범죄에 대한 긍정적 진술과 부정적 진술의 목록과 순위

성하고, 자신에게 중요한 순서대로 진술의 순위를 정하도록 한다. 이 단계에서는 학생들이 주제의 양 측면에서 문제를 보도록 도와준다. 이때 도표를 만들어 보게 하는 것이 도움이 된다(그림 III-20 참조).

⑤ 학급 토론

학급에서 주제에 대한 긍정적 진술과 부정적 진술에 대해 토론한다. 학생들이 토론에 적극적으로 참여하도록 한다. 그러기 위해서는 토론의 중요성을 깨닫게 하는 것이 중요하다. 토론의 중요성을 느끼지 못한다면, 교사는 그 주제에 대해 좀 더 자세히 검토해야 한다. 그리고 문제가 나타나면 수정하여 적극적 토론이 되도록 한다. 그리고 토론의 결과로서, 학급 전체가 중요도에 따라 주제의 긍정적 측면과 부정적 측면의 목록을 만들어야 한다.

⑥ 해결 가능한 안의 형식화

학생들은 주제의 최상위에 있는 부정적 진술에 대해 해결 가능한 안을 형식화한다. 학생들은 가능한 해결안 각각에 대해 긍정적 진술과 부정적 진술의 목록을 작성한다(그림 III-21 참조).

⑦ 질의응답 시간

전체 학급은 교사 혹은 초청 인사와 질의응답 시간을 갖는다. 이 시간에 학생들은 믿을 만한 답변을 기대하는 전문가에게 질문할 수 있는 기회를 갖는다.

⑧ 관찰 및 제언

마지막 단계에서 학생은 관찰과 제언을 형식화하고 기록하여 제출한다. 관찰은 기본적으로 7단계까지 진행되는 동안 학생이 배운 중요한 것을 모두 기록한 것이고, 제언은 학생이 실행되기를 바라는 것들이다(그림 III-22 참조).

해결안 1: 주택에 대한 인종 차별 금지

부정적	긍정적
1. 원하는 사람에게 집을 팔 권리를 빼앗는다.	1. 흑인들이 살기를 원하는 곳에서 살 기회를 준다.
2. 백인들이 반항한다(더 심한 인종 차별).	2. 불법 행위가 제거된다.
3. 아마 백인들이 폭동 등을 시작할 것이다.	3. 흑인의 태도가 바뀐다.
	4. 생활 조건이 개선될 것이다(빈민가가 개선됨).

해결안 2: 보다 나은 직장을 더 많이 제공한다

부정적	긍정적
1. 백인들의 직업을 빼앗게 된다.	1. 흑인들은 도둑질 대신 생활비를 벌 수 있다.
2. 백인들은 흑인들과 일하기를 원치 않는다.	2. 사회 복지 혜택의 양이 삭감된다.
3. 더 심한 인종 차별이다.	3. 생활 조건이 개선될 것이다.
4. 백인들은 흑인들을 고용하지 않을 것이다.	4. 교육이 직업을 얻는 데 더 쉬운 방법이 될 것이다.

해결안 3: 흑백 통합 학교

부정적	긍정적
1. 백인 학생들과 학부모들은 난리법석을 일으킬 것이다.	1. 교육 조건이 나아질 것이다.
2. 싸움과 인종 차별이 학교 내에 존재할 것이다.	2. 흑인 측에서는 반항과 폭동이 줄어든다.
	3. 흑인 어린이의 태도가 나아질 것이다.

해결안 4: 교육을 더 시킨다

부정적	긍정적
1. 흑인들은 등록금을 감당할 수 없을 것이다.	1. 직업 구하기가 더 쉽다.
	2. 흑인들의 환경을 개선할 수 있다.
	a. 보다 나은 주택
	b. 보다 나은 생활 조건
	3. 흑인들은 그들 자신을 개선할 수 있기 때문에 폭동이나 인종 차별이 상당히 감소할 것이다.
	4. 흑인은 백인에 대해 평등한 느낌을 갖게 될 것이다.

그림 III-21. 학생의 도표: 범죄에 대하여 제안된 해결안에 대한
긍정적, 부정적 진술의 목록과 순위

관찰

1. 흑인의 환경을 개선할 때 백인의 환경권을 침해하기 때문에 흑인의 환경을 개선하기는 어려울 것이다.
2. 백인들이 문제 해결의 열쇠를 갖고 있으나 상당히 많은 백인들은 그것의 사용을 거부하거나 또는 다른 사람들이 사용하는 것조차 거부하고 있다.
3. 내가 흑인의 곤란한 처지를 제대로 알지 못했기 때문에 범죄와 인종 차별주의를 감지하지 못했다는 것을 발견했다. 그렇지만 그것이 나와 동료들의 편견을 깨닫게 해 주었다.
4. 이 특수한 문제를 해결하는 데에는 많은 시간이 걸릴 것이다.

제언

1. 젊은 흑인 세대가 돈을 벌 수 있는 기회를 좀 더 균등하게 가질 수 있도록 흑인 교육을 개선하라. 즉, 근본적으로 돈이 범죄와 관련된 모든 조건을 개선할 것이다.
2. 흑인이 생활하기 위해 범죄를 저지를 필요가 없도록 대기업은 흑인을 경제적으로 개선시킬 수 있는 기술 교육 프로그램을 좀 더 마련해야 한다.

그림 III-22. 관찰과 제언을 기록한 도표

2. 확대 가치 분석 과정

가치문제는 단순한 것에서부터 복잡한 것에 이르기까지 다양하다. 따라서 단순한 가치문제뿐만 아니라 복잡한 가치문제를 해결하기 위해서는 다양한 가치 분석 기법이 요구된다. 기초 가치 분석 과정에서 확대 가치 분석 과정으로 나아가려면 보다 면밀한 검토와 준비가 필요하다.

VO : ________________________________

| 부정적 | | | 부정적 |
| VT | 진술 | 진술 | VT |

그림 III-23. 기초 과정의 도표에 VT를 첨가하기

2.1 기초 가치 분석 과정에서 확대 가치 분석 과정으로

기초 가치 분석 과정에서 다음 몇 가지 사항을 고려하면서 확대 가치 분석 모형으로 진행한다. 먼저, 주제(평가 대상)에 대한 긍정적 진술과 부정적 진술 목록을 작성하는데, 기초 과정에서 사용한 도표를 가지고 시작한다. 토론이 진행됨에 따라 학생들은 각자의 도표를 작성한다. 두 번째는 긍정적 진술과 부정적 진술의 옆 칸에 평가 용어를 적어 넣는다. 대체로 각 진술마다 여러 개의 다른 평가 용어가 나온다(그림 III-23 참조).

학생들은 어떤 하나의 진술에 대해 가장 적절한 평가 용어가 무엇인지에 대해 토론할 수 있다. 그림 III-23에서 평가 대상과 평가 용어가 있고, 이를 지지하는 진술이 있다. 그러나 여기에는 준거가 없다. 따라서 준거를 첨가하는 단계가 필요하다. 그러면 각 진술과 그에 상응하는 평가 용어는 형식화된 준거를 갖게 된다. 준거를 형식화하는 방법은 그림 III-24와 같다.

준거는 세 부분으로 되어 있고 그중 두 부분(특성과 평가 용어)은 이미 제시되어 있기 때문에, 학생이 해야 하는 것은 비교 종류를 첨가하는 것이다. 그런 다음 완성된 준거를 평가 용어 옆 칸에 적어 넣는다(그림 III-25 참조).

	특성	평가 대상	평가 용어
가치 판단		대기오염은	바람직하자 않다
기술		대기오염은	
준거	폐기종을 유발한다 폐기종을 유발하는	모든 조건은	바람직하다

그림 III-24. 준거의 형식화를 위한 도표

VO : ___________________________

　　　　부정적　　　　　　　　　　부정적

| 준거 | VT | 진술 ‖ 진술 | VT | 준거 |

그림 III-25. 준거를 첨가하기

그림 III-26은 초등학교 6학년 학생들이 그림 III-25를 사용하여 공산주의에 대해 토론한 예이다.

2.2 두 가지 가치 분석 모형

확대 가치 분석으로 나아가려면 가치 분석하는 방법을 숙지할 필요가 있다. 가치 분석 모형으로는 단순 가치 분석 모형과 확대 가치 분석 모형이 있다.

부정적			긍정적		
준거	VT	진술	준거	VT	진술
언론의 자유를 허용하지 않는 정부는 모두 지독하다	지독하다	언론의 자유를 허용하지 않는다	평등한 생활 기준	좋다 공평하다	평등한 생활 기준을 갖고 있는 정부는 모두 좋다 (공평하다)
종교를 좋아하지 않는 정부는 모두 지독하다	지독하다	종교를 좋아하지 않는다	기업가들은 정부를 위해 일을 하고 그래서 망하지 않는다	공평하다 정당하다	기업가들은 정부를 위해 일하고 따라서 망하지 않게 하는 정부는 모두 공평하다(정당하다)
국민이 세금을 내고도 재정 적자인 정부는 모두 불공평하다	불공평하다	국민이 세금을 내고도 재정이 없다			
모든 재산을 소유하는 정부는 모두 정당하지 않다	정당하지 않다	정부가 모든 재산을 소유한다	소련 사람 5%만 정당에 소속되어 있다	타당하다	국민의 5%만이 정당에 소속되어 있는 정부는 모두 타당하다
출판의 자유가 없는 정부는 모두 비교육적이다	비교육적이다	출판의 자유가 없다			
정부에 대한 비판을 허용하지 않는 정부는 모두 무섭다	무섭다	정부에 대한 비판을 허용하지 않는다	논쟁이 되는 문제는 생각하지 말아야 한다	비교육적이다	논쟁이 되는 문제를 생각하지 말아야 하는 정부는 모두 비교육적이다
집회의 자유가 없는 정부는 모두 불공평하다	불공평하다	집회의 자유가 없다			
공포로부터의 자유가 없는 정부는 모두 잔인하다	잔인하다	공포로부터의 자유가 없다			
사진 찍는 것을 제한하는 정부는 모두 타당하지 않다	타당하지 않다	사진 찍는 것을 제한한다			
정당이 원하는 사람에게만 투표할 자유가 있는 정부는 모두 정당하지 않다	정당하지 않다	정당이 원하는 사람에게만 투표할 자유가 있다			

그림 III-26. 공산주의(vo)에 대해 6학년 학급 토론에서 이용한 도표

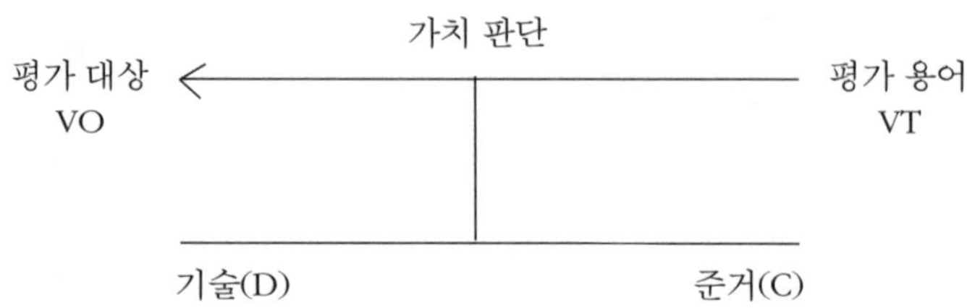

그림 III-27. 단순 가치 분석 모형

① 단순 가치 분석 모형

단순 가치 분석 모형은 평가 대상(VO), 평가 용어(VT), 기술(D: Description), 준거(C: Criterion)의 네 가지 요소가 있다. 평가 대상은 평가해야 할 대상, 즉 내용이다. 평가 용어는 가치 판단을 해야 할 평가 대상에 적용되는, 예를 들면 좋은, 바람직한, 훌륭한, 공정한, 합당한 등의 용어이다. 기술은 평가 대상과 평가 용어와 관련된 특성들, 즉 원인, 결과, 특성들과 같은 것을 포함한다. 준거는 평가 용어가 평가 대상에 적용되는지를 판단하는 어떤 규칙이나 기준이다. 기술과 준거는 모두 가치 판단을 지지한다. 이러한 네 요소들 간의 관계를 도식화하면 그림 III-27과 같다.

위의 화살표는 가치 판단을 구성하는 평가 대상에 대한 평가 용어의 적용을 나타내고, 가치 판단을 지지하는 전제로서 기술(사실)과 준거(가치)가 있다. 기술은 평가 대상에 대해 언급한다는 의미에서 평가 대상 쪽에 씌어 있다. 예를 들면, '대기오염은 바람직하지 않다' 라는 가치 판단을 단순 가치 분석 모형으로 분석해 보자. 여기에서 평가 대상은 '대기 오염' 이고, 평가 용어는 '바람직하지 않다' 이다. 그리고 대기 오염의 결과에 대한 사실로부터 '대기 오염은 폐기종을 유발한다' 가 기술에 해당되며, '폐기종을 유

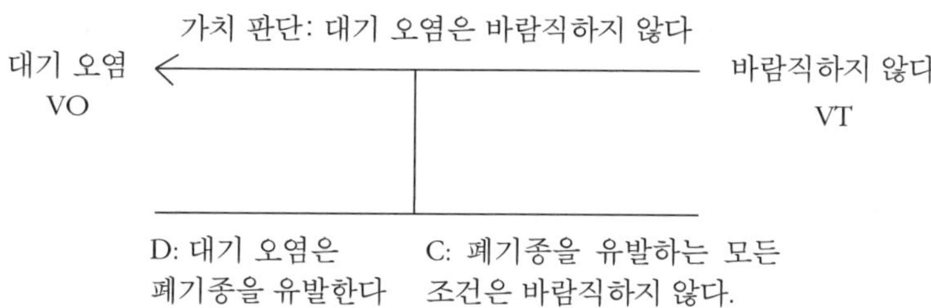

그림 III-28. 단순 가치 분석 모형을 사용한 예

발하는 모든 조건은 바람직하지 않다' 가 준거에 해당한다. 이를 도식화하면 그림 III-28과 같다.

또한 이를 연역 논증의 형식으로 나타내면 더욱 분명해진다.

준거(대전제): 폐기종을 유발하는 모든 조건은 바람직하지 않다.

기술(소전제): 대기 오염(하나의 조건)은 폐기종을 유발한다.

가치 판단(결론): 대기 오염은 바람직하지 않다.

이처럼 단순 가치 분석 모형의 네 가지 기본 요소(VO, VT, D, C)는 가치 분석의 기초를 이루고 있다.

② 확대 가치 분석 모형

단순 가치 분석 모형의 네 가지 기본 요소를 토대로 여러 개의 평가 대상과 평가 용어(긍정적, 부정적) 그리고 여러 개의 기술과 준거가 결합된 확대 가치 분석 모형으로 나아갈 수 있다. 먼저, 가치 판단을 지지하는 지지 요소들이 둘 이상일 경우가 있다. 여기에서는 여러 개의 D와 적절한 C가 가치 판단과 관련된다. 이를 도식

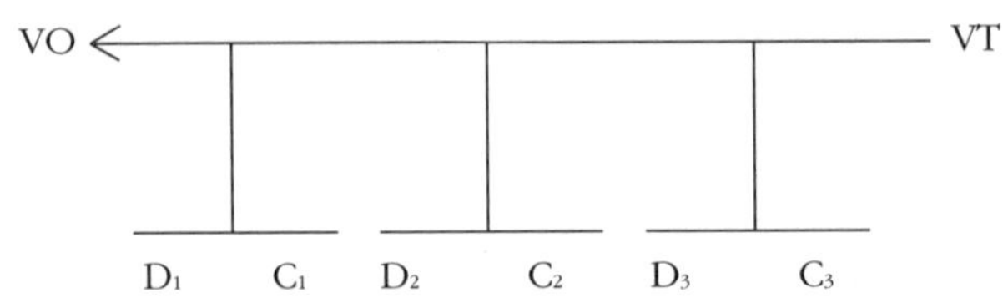

그림 III-29. 둘 이상의 지지 요소로 확대

화하면 그림 III-29와 같다.

다음에는 평가 대상에 대한 긍정적 혹은 부정적 평가 용어를 동시에 나타낸다. 평가 대상에 대한 긍정적 평가 용어는 오른쪽에, 부정적 평가 용어는 평가 대상의 왼쪽에 나타낸다(그림 III-30, III-31 참조).

2.3 확대 가치 분석 과정의 단계

확대 가치 분석 과정은 ① 주제 선택, ② 적절한 자료의 제공, ③ 적절한 분위기 조성, ④ 긍정적 진술과 부정적 진술의 목록 작성과 순위 결정, ⑤ 증거 카드 작성, ⑥ 긍정적 증거 카드와 부정적 증거 카드의 분석, ⑦ 증거 카드에 대한 학급 토론, ⑧ 원인에 대한 목록 작성과 순위 결정, ⑨ 개인 면담, ⑩ 해결 가능한 안의 목록 작성과 순위 결정, ⑪ 해결안에 대한 긍정적 증거 카드와 부정적 증거 카드의 작성, ⑫ 해결 가능한 안의 증거 카드에 대한 집단 토론, ⑬ 초청 전문가와의 질의응답 시간, ⑭ 관찰과 제언 등의 단계를 거친다.

① 주제 선택

기초 가치 분석 과정과 같다. 여기에서 예를 들고 있는 철수의

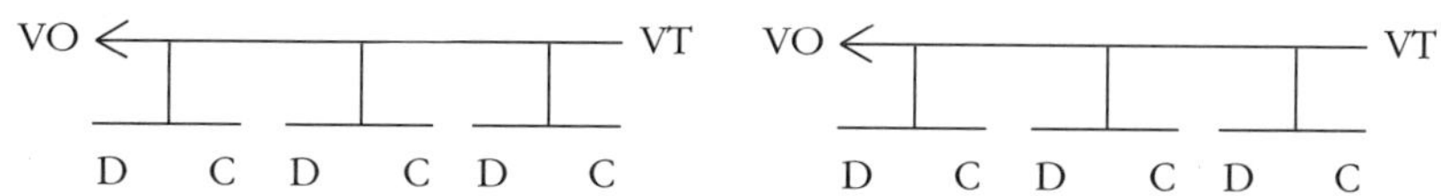

그림 III-30. 긍정적 평가 용어와 부정적 평가 용어로 확대

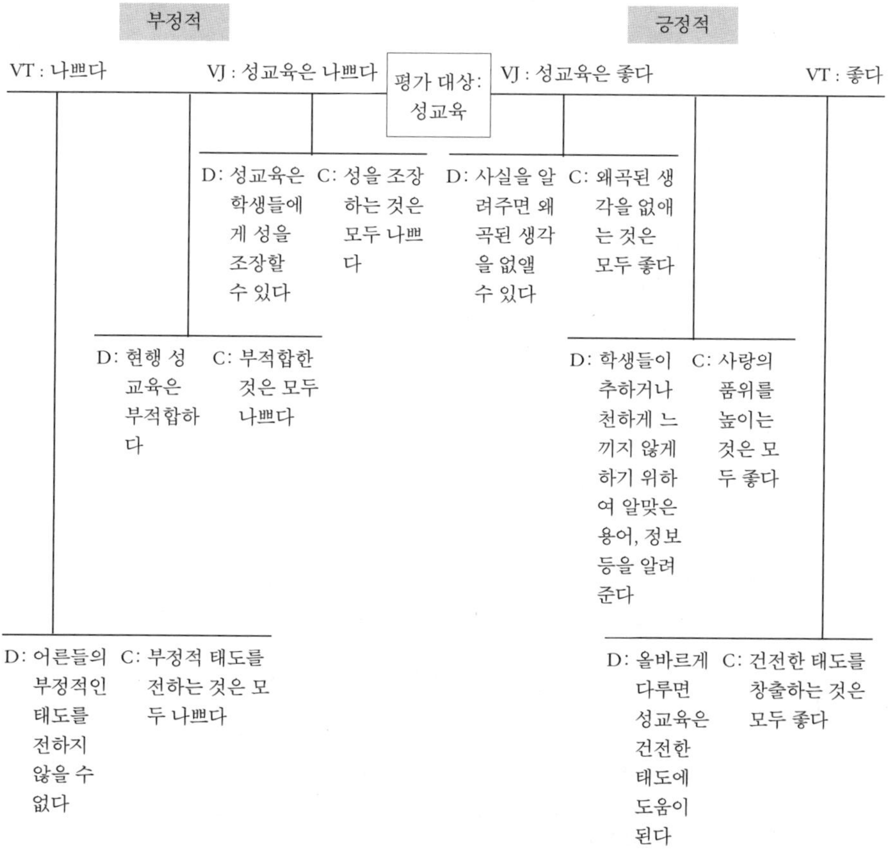

그림 III-31. 성교육에 대하여 학생이 이용한 확대 가치 분석 모형의 예

긍정적	순위
1. 성교육에는 각 개인에게 알맞은 여러 가지 다양한 교육 방법이 있다. 교육.	-9
2. 성교육은 사람들에게 성에 대한 특정한 하나의 관점을 강요하지 않고 교육시킨다. 교육.	-7
3. 성교육은 왜곡된 태도나 비논리적인 생각을 다음 세대에게 전달하지 않을 것이다. 악순환.	-1
4. 성교육은 학생이 가정에서 배울 수 없는 성에 대한 여러 가지 관점을 가르쳐 준다. 공중公衆의 이해(심리학).	-8
5. 추하다는 느낌을 갖지 않도록 하면서 사람들을 교육하고 지식을 전달할 것이다. 적합한 지식을 전달할 때 적합한 용어가 사용된다. 교육.	-2
6. 성적 불행을 야기하는 것은 무지에서 오는 것이다. 어떤 사람이 건전한 방법으로 성적 호기심을 만족시켰을 때, 성에 대하여 알아보기 위해 혼전 그리고/또는 혼외정사로 빗나가지 않을 것이다. 건강, 도덕, 교육.	-5
7. 성에 대한 다른 사람의 권리와 생각을 존중하는 것을 배운다. 공공公公 관계.	-4
8. 적절한 시기에 올바른 지식이 객관적인 태도로 주어진다면 성에 대한 건전한 태도를 전달하게 된다. 교육, 공공, 태도.	-3
9. 학생들은 '더러운 곳에' 가지 않고 또한 잘못된 지식에 대해 염려도 하지 않으면서 지식을 얻기를 원한다. 공공, 도덕.	-8
10. 단지 소수의 사람들만이 성교육을 반대한다. 공공.	-10

그림 III-32-1. 철수의 도표 1, 좌측,* 긍정적 진술의 예

* 학생들에게 긍정적 진술과 부정적 진술의 위치를 정하도록 허용했다. 만약 이 장의 관례를 따른다면 긍정적 진술은 우측, 부정적 진술은 좌측에 써넣을 것이다.

부정적	순위
1. 부모들은 자녀들을 건전하고 의미 있는 방법으로 교육하는 데 종종 실패한다. 건강 교육.	-1
2. 성문제에 대하여 극단적인 교육 방법이 많다. 도덕.	-6
3. 어른들은 그들 자신의 비논리적이고 죄의식적인 태도를 전달하지 않을 수 없다. 공공 교육, 악순환.	-4
4. 현재 성교육 프로그램은 매우 부적합하다. 교육.	-3
5. 성교육은 어린이들에게 성과 관련된 행위를 시도해 보고 싶게 할 수도 있다. 도덕, 종교.	-2
6. 성은 사악한 것이고 그래서 무슨 수를 쓰더라도 회피해야만 한다. 도덕, 종교	-9
7. 모르는 것이 그들을 해지치 않는다. 두려움.	-8
8. 성교육을 가르치는 데 있어서 어느 누구도 당혹감과 책임감 느끼기를 진정으로 원하지 않는다. 교육, 정치.	-7
9. 성교육에 대한 계획이 조직화되어 있지 않으며 무엇을 하는지도 모르고 성교육을 행하게 된다. 공공公公.	-5

그림 III-32-2. 철수의 도표 1, 우측, 부정적 진술의 예

확대 가치 분석 과정의 수준은 보통 수준의 고등학생이 고민하고 있는 성교육이다. 이 주제는 창의적인 진보적 학생에게는 광범위하고, 지진 학생에게는 협소한 주제이다.

　② 적절한 자료의 제공
　기초 가치 분석 과정과 같다.

③ 적절한 분위기 조성

기초 가치 분석 과정과 같다.

④ 긍정적 진술과 부정적 진술의 목록 작성과 순위 결정

주제에 대한 긍정적 진술과 부정적 진술을 학생 자신에게 중요한 순서에 따라 목록으로 작성하게 한다(그림 III-32-1, 그림 III-32-2 참조).

⑤ 증거 카드 작성

학생은 단계 ④에서 결정된 긍정적 진술과 부정적 진술을 형식에 맞게 증거 카드로 작성한다(그림 III-33-1, 그림 III-33-2 참조).

⑥ 긍정적 증거 카드와 부정적 증거 카드의 분석

이 단계에서 교사는 개인 면담을 통해 학생에게 가장 필요한 것을 지도할 수 있는 유익한 질문 거리를 얻기 위해 학생의 도표를 자세히 검토하고, 긍정적 증거 카드와 부정적 증거 카드를 면밀하게 분석한다.

⑦ 증거 카드에 대한 학급 토론

학생들이 증거 카드를 제출하면 모든 학생들이 읽을 수 있도록 투사기 같은 것으로 증거 카드를 제시한다. 그리고 이러한 증거들이 믿을 만한 정보 자료인지, 사실의 정확성, 준거의 적합성 같은 문제들을 하나씩 토론한다. 학생들의 긍정적 증거 카드를 하나씩 검토한 후 부정적 증거 카드를 똑같은 방법으로 검토한다. 이때 증거 카드에 학생의 이름을 적지 않고 토론하는 것이 좋다. 이름을 적지 않는 이유는 학생들에게 자신이 작성한 것을 볼 수 있는 기회

영역: 악순환 준거: 왜곡된 생각을 없애는 것은 모두 좋다. 진술: 학생들에게 사실을 알려 주는 식으로 성을 가르치면 왜곡된 생각이 그렇게 쉽게 전달되지 않는다	영역: 공공, 도덕 준거: 교육을 통해 사람을 개선시키는 것은 모두 좋다. 진술: 학생들을 의미 있는 방법으로 교육한다.
영역: 교육 준거: 사람의 품위를 높이는 것은 모두 좋다. 진술: 학생들이 추하거나 천하게 느끼지 않는 방법으로 적합한 용어, 적절한 지식, 알맞은 지도를 한다.	영역: 건강, 도덕, 교육 준거: 혼전 또는 혼외정사를 막는 것은 모두 좋다. 진술: 호기심을 만족시킨다, 그래서 학생들은 시도해 보고 싶지 않을 것이다.
영역: 교육, 공공, 태도 준거: 건전한 태도를 창출하는 것은 모두 좋다. 진술: 올바른 방법으로 다룰 때는 성교육은 건전한 태도를 전달하게 된다.	영역: 공공의 이해(심리학) 준거: 여러 가지 관점을 알려 주는 것은 모두 좋다. 진술: 성교육은 성의 모든 측면을 제시한다.

그림 III-33-1. 철수의 도표 2, 좌측, 긍정적 증거 카드

영역: 건강, 교육 준거: 의미 있는 교육을 방해하는 것은 모두 나쁘다. 진술: 부모들은 자녀들을 건전하고 의미 있는 방법으로 교육하는 데 종종 실패한다.	영역: 공공, 도덕, 악순환 준거: 좋지 않은 태도를 전하는 것은 모두 나쁘다. 진술: 어른들은 부정적인 태도를 전하지 않을 수 없다.
영역: 도덕, 종교 준거: 성을 조장하는 것은 모두 나쁘다. 진술: 성교육은 어린이들에게 성과 관련된 행위를 시도해 보고 싶게 할 수 있다.	영역: 공공 준거: 조직화되어 있지 않은 것은 모두 나쁘다. 진술: 성교육에 대한 계획이 조직화되어 있지 않다.
영역: 교육 준거: 부적합한 것은 모두 나쁘다. 진술: 현행 성교육 제도는 매우 부적합하다.	영역: 도덕 준거: 극단적인 것은 모두 나쁘다. 진술: 성교육에는 극단적인 방법이 많다.

그림 III-33-2. 철수의 도표 2, 우측, 부정적 증거 카드

진술: 사람들은 그들 자신의 잘못된 생각과 천한 태도를 전달하지 않을 수 없다.

원인들: A. 부모
　　　　 B. 사회
　　　　 C. 친구 집단
　　　　 D. 문학(책, 잡지, 영화)
　　　　 E. 종교
　　　　 F. 교육

원인: A. 부모

긍정적

1. 부모는 생물의 종을 존속시키는 방법을 전달한다.
2. 부모는 우리를 성 지향 세계로부터 보호한다.
3. 부모는 우리가 언제 성에 대해서 알아도 되는지를 잘 아는 가장 훌륭한 판관이다.
4. 부모 없이 우리가 여기 존재하지 않을 것이다.

부정적

1. 부모는 종종 옳지 않은 사실이나 애매한 생각을 전한다.
2. 부모는 가끔 우리가 성숙해 간다는 것을 받아들이려 하지 않고 우리에게 성에 대한 지식을 감춘다.
3. 우리가 성에 대해 알아야 할 나이가 되었어도 부모는 성에 대한 애기를 할 때마다 너무 당황해 한다.

원인: B. 사회

긍정적

1. 사회는 우리의 환경이다.
2. 사회는 우리의 생활 방식이다.

부정적

1. 우리 사회가 성에 뒤덮여 있어서 성범죄가 조장되고 있다.
2. 사회는 변하기 쉽고 위선적이다.

원인 : C. 친구 집단

긍정적

1. 그들은 우정과 인간관계에 대한 욕구를 충족시켜 준다.
2. 그들은 우리의 생각과 토론을 함께 나눌 수 있는 사람들이다.

부정적

1. 그들은 음란한 애기, 책, 잡지 등을 통해 우리에게 음담패설을 전한다.
2. 친구 집단은 성에 대한 부정적 태도를 더 갖게 해 주거나 또는 갖기 시작하게 해 준다.

<table>
<tr><td colspan="2">원인: D. 문학</td></tr>
<tr><td>긍정적</td><td>부정적</td></tr>
<tr><td>1. 인생의 범위를 넓혀 준다.
2. 우리가 다른 방법으로 볼 수 없는 인생의 여러 가지 관점을 보여 준다.</td><td>1. 우리가 조절할 수 없는 강한 충동을 일으키게 한다.
2. 사람을 더러운 곳으로 끌어들이고 천하게 느끼게 한다.</td></tr>
<tr><td colspan="2">원인: E. 종교</td></tr>
<tr><td>긍정적</td><td>부정적</td></tr>
<tr><td>1. 삶과 죽음에 대한 우리의 의문에 답해 준다.
2. 어떤 것을 믿고자 하는 욕구를 충족시킨다.</td><td>1. 성에 대하여 건전치 못한 감정 억제를 창출한다.
2. 성교육을 가르쳐야 한다고 주장하고 있으나 그들은 시설도 재정도 없다.</td></tr>
<tr><td colspan="2">원인: F. 교육</td></tr>
<tr><td colspan="2">긍정적</td></tr>
<tr><td colspan="2">1. 나는 교육이 잘못된 생각이나 부정적 태도의 원인이라고 생각하지 않는다.</td></tr>
</table>

그림 III-34. 철수의 도표 3, 원인들과 그에 대한 긍정적 진술과 부정적 진술

를 주고, 자신의 생각에 대해 다른 학생들의 반응을 알 수 있도록 해 주기 위함이다.

⑧ 원인에 대한 목록 작성과 순위 결정

학생들은 부정적 진술 각각에 대한 원인 목록을 작성하고 순위를 정한다. 학생들이 부정적 진술 혹은 증거 카드를 선택하고, 그것의 원인을 찾아내도록 한다. 가령, 주제가 대기 오염이고, 부정적 진술이 8,000만 톤의 오염 물질이 해마다 대기 속으로 유출된다는 것이라면, 학생은 비행기, 자동차, 공장, 쓰레기 소각과 같은 원인들을 열거할 수 있을 것이다. 부정적 진술과 증거 카드 각각에 대해 이러한 활동을 계속하면서, 원인들의 중요도에 따라 순위를 정하도록 한다. 대기 오염의 예에서 학생은 자동차, 공장, 쓰레기 소각, 비행기 순으로 원인들의 순위를 정할 수 있다. 마지막으로, 학생은 각 원인에 대한 긍정적 진술과 부정적 진술의 목록을 작성한다(그림 III-34 참조).

⑨ 개인 면담

개인 면담의 기본 목적은 정보를 제공하고 질문을 하기 위한 것이다. 즉, 시간과 힘을 낭비하지 않고 정보를 찾고 기록하며 조직하는 방법과 추가 자료를 제시한다. 학생에게 질문하는 것은 학생이 알고 있는 것에 대해 자세히 검토하고 조사하며, 학생이 심사숙고하고 의문을 갖도록 하는 것이다. 여기에서 주의해야 할 점은 교사의 편향된 생각을 강요하지 말아야 한다.

⑩ 해결 가능한 안의 목록 작성과 순위 결정

학생은 시간이 허용하는 한 많은 원인들에 대해 해결 가능한 목록을 작성하고, 순위를 정하고, 각 해결안의 긍정적 측면과 부정적 측면을 기록한다. 이 단계에서 학생에게 논의 주제 이외의 당면한 문제를 해결할 기회를 줄 수도 있다(그림 III-35 참조).

⑪ 해결안에 대한 긍정적 증거 카드와 부정적 증거 카드의 작성

학생은 자신이 제안한 해결안에 대한 증거 카드를 작성한다. 학생은 순위가 정해진 긍정적 진술과 부정적 진술을 증거 카드에 옮겨 적고, 각 진술에 대한 준거를 적어 넣는다. 각 증거 카드는 확대 가치 분석 모형에서의 지지 요소와 일치한다. 그러므로 어떤 해

1. 이 문제의 가장 중요한 원인 중 첫 번째는 부모이다.

가능성 있는 해결안들:
A. 학교와 부모의 협조에 의한 성교육
B. 부모 도움이 없는 성교육
C. 대다수 부모의 승인 아래 학교에서의 성교육
D. 부모를 위한 성교육

A. 학교와 부모의 협조에 의한 성교육

긍정적

1. 사실들과 부모의 관점 둘 다 알려 줄 수 있다.
2. 부모들은 필요 없는 존재라는 것을 느끼지 않을 것이다.
3. 부모들은 자녀들의 교육을 어느 정도 '감독' 할 수 있다.
4. 학생들은 행동을 선택하고 그들이 행동한 것의 결과를 알게 된다.
5. 왜곡된 생각은 제거되고 건전한 태도가 심어진다.

부정적

1. 부모들은 여전히 왜곡된 태도를 전달할 수 있다.
2. 부모들이 협조하지 않을 것이다.

B. 부모 도움이 없는 성교육

긍정적

1. 왜곡된 생각이 쉽사리 전달되지 않는다.
2. 학생들은 사실들을 알게 되며, 그 사실들을 현명하게 이용하는 방법도 배운다.
3. 학생들은 특정한 행동의 가능성 있는 결과를 알게 될 것이다.
4. 학생들은 생물의 종을 어떻게 존속시키는지를 배운다.

부정적

1. 부모들은 그들이 자녀들을 도왔다는 것을 느낄 수 없다.
2. 학생은 모든 사실을 매우 쉽게 받아들이지만, 감정은 쉽게 받아들이지 않을 것이다.

C. 대다수 부모의 승인 아래 학교에서의 성교육

긍정적

1. 학생들은 생물의 종을 존속시키는 것을 배울 것이다.
2. 학생들은 생산력을 현명하게 사용하는 것을 배우게 된다.

부정적

1. 비용이 많이 들 것이다.
2. 자격 있는 교사를 구하기 어려울 것이다.

3. 특정한 행동의 결과 그리고/또는 영
   향을 알게 될 것이다.
4. 왜곡된 생각은 잊게 될 것이다.
5. 부모들은 필요하다고 생각되면 자료,
   설명, 토론을 추가로 제공할 수 있다.
6. 부모들이 제외되었다고 느끼지 않을
   것이다.

D. 부모를 위한 성교육

긍정적

1. 자녀에게 가르쳐야 할 것들을 배울 기
   회를 가질 수 있다.
2. 보다 나은 방향으로 많은 태도를 변화
   시킬 것이다.
3. 배울 수 있는 기회가 될 것이다.

부정적

1. 부모들이 성에 대하여 잘 모른다는
   것에 대해 부끄럽게 느낄 것이다.
2. 이미 자녀가 있는 사람에게는 약간
   늦은 감이 있다.

2. 이 문제의 가장 중요한 원인 중 두 번째는 사회이다.

가능성 있는 해결안:
성 지향 사회에 대한 직접적인 해결안은 없다. 사회는 사람들로 구성되어 있다.
사람들이 변할 때 우리 사회도 변할 것이다.

3. 이 문제의 가장 중요한 원인 중 세 번째는 친구 집단이다.

가능성 있는 해결안들:
A. 학교에서의 성교육
B. 교회에서의 성교육
C. 학교에서 제공한 자료와 지도서로 가정에서의 성교육
D. 부모와 학교의 협조에 의한 성교육
E. 교회에서는 도덕적 측면, 가정에서는 감정적 측면, 학교에서는 신체적, 위생적
측면을 가르치는 성교육

A. 학교에서의 성교육

긍정적

1. 모든 학생들은 균등한 교육을 받을 것
   이다.
2. 학생들은 성이 왜 있으며, 무엇을 위

부정적

1. 학생들은 단지 성에 대한 신체적 측
   면만 배우게 될 것이다.
2. 학생들은 성에 대하여 호기심을 갖게

한 것이며, 어떻게 현명하게 행사하는
지를 알게 될 것이다.
3. 성에 대한 부정적 태도가 없어질 것
같다.

될 것이며, 시도해 보고 싶어 할 수도
있다.
3. 자격 있는 교사를 구하는 것이 어려
울 것이다.

B. 교회에서의 성교육

긍정적
1. 학생들은 성에 대한 도덕적, 신체적
측면 둘 다를 배울 것이다.
2. 성교육을 받는 것은 학생들의 선택에
달려 있다.

부정적
1. 모든 사람이 교회에 다니는 것은 아
니다.
2. 성에 대하여 도덕적 측면이 지나치게
강조될 것이다.

C. 학교에서 제공한 자료와 지도서로 가정에서의 성교육

긍정적
1. 학생들은 그들이 성교육을 받아야 할
곳인 가정에서 교육을 받을 수 있을
것이다
2. 학생들이 배울 수 있을 뿐 아니라 부
모들도 배우게 된다. 게다가 성에 대
한 것뿐만 아니라 좋은 태도도 배우게
될 것이다.
3. 학생들은 성에 대하여 알아야 할 것들
을 배우게 될 것이다.

부정적
1. 비용이 많이 들 것이다.
2. 만약 부모가 시간이 없거나 자료를
제시하는 데 너무 당혹해 한다면 학
생들은 여전히 성에 대해 모르게 될
것이다.
3. 부모들은 자료를 완전히 이해하지 못
할 수도 있고/또는 자료를 잘못 제시
할 수도 있다.
4. 부모들이 자녀에게 답변해 주어야 할
자료를 학교가 제공하지 못할 수도
있다.

D. 부모와 학교의 협조에 의한 성교육

긍정적
1. 부모들은 그들의 자녀를 도울 것이다.
부모들은 자녀 교육을 감독할 수 있을
것이다.
2. 부모들은 자녀에게 그들의 종교적 신
앙을 주입시킬 수 있을 것이다.
3. 결국 부정적 태도가 제거될 것이다.

부정적
1. 부모들은 부정적 태도를 전할 수도
있다.
2. 부모 또는 학교가 실패한다면 균형
잃은 교육을 받게 될 것이다.

E. 교회에서는 도덕적 측면, 가정에서는 감정적 측면, 학교에서는 신체적 위생적 측면을 가르치는 성교육

긍정적

1. 학생들은 성의 모든 측면을 배울 것이다.
2. 학생들은 완전한 교육을 받게 될 것이다.
3. 학생들은 그들이 부모 되기에 필요한 지식과 아이들을 잘 기르는 방법에 대한 지식을 얻게 될 것이다.

부정적

1. 비용이 많이 들 것이다.
2. 많은 부모와 교회들이 협조하고 싶어 하지 않을 것이다.
3. 성에 대한 부정적 태도가 여전히 전달될 수 있다.

4. 이 문제의 가장 중요한 원인 중 네 번째는 책, 잡지, 영화, 그리고 그 밖의 다른 인쇄물들이다.

가능성 있는 해결안들:
A. 검열국에서 검열을 한다.
B. 가정에서 감독을 한다.
C. 음란물의 인쇄를 금지시킨다.

A. 검열국에서 검열을 한다.

긍정적

1. 음성적인 곳에서 성을 제거하는 데 도움이 될 것이다.
2. 청소년들과 어른들이 닮아 가는 것을 막을 수 있을 것이다.
3. 우리의 문학을 격상시킬 것이다.

부정적

1. 외설을 규정하기가 어렵다
2. 공정한 결정을 내릴 수 있는 사람을 고르기가 어려울 것이다.

B. 가정에서 감독을 한다.

긍정적

1. 자녀들은 어떤 것을 하라는 명령을 받을 때 대체로 부모의 명령을 따른다.
   예: 외설스러운 책을 보지 마라.

부정적

1. 부모들이 하지 말라고 말하는 순간, 자녀들은 하지 말라는 것을 한다.
2. 우리가 시도해 보았고 그리고 실패했다.

C. 음란 서적의 인쇄를 금지시킨다.

긍정적

1. 청소년들과 어른들을 보호하는 데 가장 좋은 방법이다.
2. 검열국이 필요 없게 될 것이다.
3. 부모들은 자녀들이 무엇을 읽는지 검열하기가 쉬워질 것이다.
4. 문학의 유형을 승격시킬 것이다.

부정적

1. 무엇이 외설이고 아닌지를 규정하는 것이 불가능하다.
2. 오늘날 대부분의 영화나 문학에서 성이 가장 잘 팔리는 주제이다.

5. 이 문제의 가장 중요한 원인 중 다섯 번째는 종교이다.

가능성 있는 해결안:
A. 교회 수뇌들의 모임을 소집하고 그들에게 성을 추한 것으로 몰아가지 않도록 요청한다.

긍정적

1. 올바른 성은 추하지 않다는 것을 성직자들이 이해한다면, 그들은 성교육을 위해 도울 것이다.

부정적

1. 모든 사람을 함께 일하도록 하는 것이 어려울 것이다.
2. 성직자들이 동의하지 않는다면 그들은 '사악한 행동'을 지나치게 강조하려 들 것이다.

나는 현재 어른들이 성에 대해 갖고 있는 태도나 인식이 바뀌어야 한다고 생각한다.

6. 이 문제의 가장 중요한 원인 중 여섯 번째는 교육이다.

가능성 있는 해결안:
교육이 결코 성에 대한 부정적 태도의 근원이라고 생각하지 않는다.
그러나 내가 주장하는 성교육은 기본적으로 다음과 같다.

1. 자격 있는 교사에 의한 지도

2. 초등학교 저학년에서
   a. 건전한 태도를 계발한다.
   b. 알맞은 용어를 사용한다.
   c. 성의 차이를 이해하도록 한다.

   d. 솔직하게 말하도록 한다.

   e. 자위행위를 못 하게 한다.

   f. 답을 말해 준다.

   g. 어린이가 가족 내에서 자신의 위치를 알도록 한다.

3. 초등학교 고학년에서

   a. 식물과 동물의 생식 작용에 대하여 배운다.

   b. 변화에 대하여 이해하게 한다.

   c. 성에 대하여 자연스런 태도를 계발한다.

   d. 사회적 관습과 가정에 대한 성실함을 존중하도록 한다.

   e. 생명의 경이를 존중한다.

4. 청소년 시기에

   a. 과학적 근거를 배운다.

   b. 사회적 기준을 존중하는 태도를 확립한다.

   c. 가족 관계를 돈독하게 한다.

   d. 솔직하도록 한다.

5. 신체적 측면뿐 아니라 감정적, 도덕적 측면도 가르친다.

6. 부모들이 교실에서 제시할 모든 자료를 미리 볼 수 있도록 한다.

7. 아주 상세하고 은밀한 부분에서는 남녀 학생을 따로 가르친다.

그림 Ⅲ-35. 철수의 도표 4, 원인에 대한 가능성 있는 해결안과 각 해결안에 대한 긍정적 진술과 부정적 진술

결안은 기술과 준거가 있는 여러 개의 증거 카드에 의해 '좋다' 라는 가치 판단이 지지된다(그림 Ⅲ-36-1, 그림 Ⅲ-36-2 참조).

⑫ 해결 가능한 안의 증거 카드에 대한 집단 토론

이 단계는 학생들이 생각해 낸 여러 해결안에 대해 토론하기 위해 집단을 구성하고, 제안한 해결안을 검사하고 개선하는 자유로운 토론을 장려한다.

영역: 공공의 태도

준거: 건전한 태도를 창출하는 것은 모두 좋다.

진술: 왜곡된 생각이 제거되고 건전한 생각으로 대치된다.

영역: 공공의 관념

준거: 결과에 대해서 알고 행동을 선택하는 것은 모두 좋다.

진술: 학생들은 행동을 선택하고 그 결과에 대하여 알고 있다.

영역: 공공의 태도

준거: 부모들에게 자녀를 감독하도록 하는 것은 모두 좋다.

진술: 부모들은 자녀의 교육을 감독할 것이다.

영역: 공공의 태도

준거: 학생들에게 사실을 알려 주고 그것을 이용하는 것에 대한 생각을 표현하도록 허용하는 것은 모두 좋다.

진술: 부모와 학교의 협조 아래 사실과 의견을 터놓는다.

영역: 공공의 관계

준거: 감정을 상하지 않도록 하는 것은 모두 좋다.

진술: 부모들이 성교육 프로그램에 참여한다.

그림 III-36-1. 철수의 도표 5 좌측, 해결안에 대한 긍정적 진술의 증거 카드

영역: 공공 교육

준거: 불화를 일으키는 것은 모두 나쁘다.

진술: 부모들이 협조하기를 거절할 수도 있으며, 따라서 부분적인 교육을 초래할 수도 있다.

영역: 공공의 태도

준거: 왜곡된 태도를 전달하는 것은 모두 나쁘다.

진술: 부모가 왜곡된 태도를 전달할 수 있다.

그림 III-36-2. 철수의 도표 5 우측, 해결안에 대한 부정적 진술의 증거 카드

관찰

1. 성교육에 대한 사람들의 태도는 성장 시기, 부모의 태도, 성에 대한 종교의 관련 정도의 결과이다.

2. 성교육 프로그램을 이해하지 못하는 사람들은 반대하는 경향이 있다. 그들은 보통 지식 영역에서 그들 자녀들보다 열등하다고 느끼는 것을 원하지 않기 때문에 반대한다. 그들은 성교육이 '나쁜' 생각을 주입시킬 것이라고 걱정하고 있다.

3. 사람들은 성교육에 대하여 관심이 있으나 그것에 대하여 말하는 것을 창피해하거나 두려워한다. 그들은 만약 그들이 성교육 강의에 참석한다면 그것이 추한 것으로 간주될까봐 두려워하고 있다. 또한 그들은 성에 대하여 잘 모른다는 것을 가끔 받아들이려고 하지 않는다(특히 그들이 결혼을 했고 가족이 있다면).

4. 성교육을 반대하는 사람은 소수이다. 대부분의 사람들은 중립이거나 약간 찬성하거나 또는 대단히 찬성하는 편이다.

5. 전국에 걸쳐 실시되는 프로그램에 배치할 사람이 부족하다.

6. '태도'가 가장 핵심적인 말인 것 같다. 만약 우리가 성에 대한 두려운 태도 그리고 왜곡된 태도를 건전한 태도로 바꿀 수 있다면, 이 문제(즉, 성교육에 대한 걱정과 불신)의 90%는 해결될 것이다.

7. 현재 우리는 언젠가 행동한다면 깰 수 있는 악순환의 한계점에 와 있다. 만약 우리가 삼 년 내에 효과적인 성교육 프로그램을 실시한다면 성을 두려운, '사실을 알려 주지 않는' 그리고 왜곡된 태도로 가르친 시절로 침몰하지 않을 것이다. 사람들은 그들의 성적 충동을 이해하고, 어떻게 억제하며, 어떻게 건전한 방법으로 행사하는지를 배우게 될 것이다.

8. 성교육을 하려면 잘 조직된 사실에 바탕을 둔 프로그램으로 실시해야 한다. 미흡한 성교육은 안 하는 것보다 못하다.

그림 III-37-1. 철수의 도표 6, 좌측, 성교육에 대한 관찰

제언

I. 영어 교사나 역사 교사들을 위한 교육 프로그램과 유사한 정기적인 성 교육 프로그램이 교사들을 위해 있어야 한다.

II. 다음과 같은 것을 가르치는 프로그램을 실시해야 한다.

  a. 신체적 측면: 사춘기에는 어떤 일이 생기나? 성교 시에는? 임신 중에는? 출산 시에는?

  b. 도덕적 측면: 다른 여러 종교에서는 결혼 전과 결혼 후에 무엇이 바람직하고 받아들일 만하다고 생각하는가? 무엇이 옳고 무엇이 옳지 않다고 생각하는가?

  c. 심리적 측면: 성적 충동을 참고 억누를 때 어떤 문제를 일으키는가? 당신은 성적 충동을 어떻게 억제하는가?

  d. 감정적 측면: 성의 여러 가지 행동과 그 결과에 대하여 우리는 감정적으로 어떻게 대응하는가?

III. 학생들이 배워야 한다고 생각하는 학년별 성교육은 다음과 같다.

  a. 초등학교 저학년

    1. 성에 대하여 건전한 태도를 계발한다.

    2. 신체에 대하여 얘기할 때 적절한 용어를 사용한다.

    3. 소년과 소녀의 차이점을 이해한다.

    4. 성장 과정에서의 문제점과 성 지향 세계에서 생활하는 데 있어 문제점을 토론한다.

    5. 신체의 특정 부분을 만지지 못하게 한다.

    6. 생식에 대하여 어떠한 질문이라도 정확하고 이해할 수 있는 답변을 해준다.

7. 어린이가 가족에 대하여 감사하고, 성실과 사랑으로 충만한 가족 구성원이 되도록 한다.

8. 부모와 함께 고양이나 강아지 또는 그 밖의 다른 동물의 출산 과정을 보는 과제를 내준다.

b. 초등학교 고학년

1. 성에 대한 건전한 태도를 중요시한다.

2. 자연적 발달 과정을 토론하기 위하여 과학적 용어를 학생들에게 이해시킨다.

3. 학생들이 그들의 신체에서 일어난 변화 또는 일어날 변화에 대하여 이해하도록 한다.

4. 성에 대한 성숙한 태도를 계발하도록 한다.

5. 학생들이 성장에 대하여 이해하도록 하고 또한 그것이 유전학, 생리학과 어떻게 관련되는지를 이해하도록 한다.

6. 사회적 관습을 존중하도록 한다.

7. 생명을 존중하도록 한다.

8. 가정에 대한 충실함을 더 강화한다.

c. 중학교

1. 성에 대하여 건전하고 성숙한 태도를 계속 계발한다.

2. 학생들이 성에 대하여 품위 있고 솔직하게 토론할 수 있도록 과학적 근거와 용어를 알도록 한다.

3. 사회적 기준을 존중하도록 한다.

4. 학생들에게 단정한 품행이 왜 중요한지를 이해시킨다.

5. 학생들이 그들의 문제를 자유롭게 얘기하도록 조장하고, 그들의 문제에 대한 답을 찾도록 한다.

6. 학생들에게 생식, 아기의 출산과 성장, 유전, 남녀 관계, 성병, 가족 관계, 성장에 따른 책임감에 대하여 가르친다.

d. 고등학교

1. 가족을 이해하고 고마움을 알도록 한다.

2. 학생들에게 생명과 가족과의 관계, 의지력에 의한 성충동의 억제, 사랑과 성충동의 구별에 대하여 이해할 수 있는 지식을 제공해 준다.

3. 학생들이 배우자를 선택하고 자녀를 기르는 데 도움이 될 이상과 기준, 태도를 갖도록 한다.

4. 학생들에게 가족, 사춘기, 배우자 선택, 결혼 준비, 출산 과정, 난교, 인구 증가, 인생의 목표에 대하여 가르친다.

5. 어른의 수준에 대하여 얘기하고, 정직하게 대화하고, 지식을 알려 주고, 솔직하게 터놓는다.

그림 Ⅲ-37-2. 철수의 도표 6, 우측, 성교육에 대한 제언

⑬ 초청 전문가와의 질의응답 시간

이 단계는 기초 가치 분석 과정과 같다.

⑭ 관찰과 제언

마지막으로 학생들은 관찰과 제언을 준비한다. 학생들은 발견한 가장 중요한 관찰과 제언을 기록한다(그림 Ⅲ-37-1, 그림 Ⅲ-37-2 참조).

3. 가치 갈등의 해결

가치 갈등 해결을 위해 가치 갈등 해결의 원리, 가치 갈등 해결의 교수 및 해결 과정을 살펴보자.[29]

1. 가치 갈등 해결의 원리

가치 갈등을 해결하는 원리로는 ① 논리적 원리, ② 절차적 원리, ③ 심리학적 원리가 있다.

① 논리적 원리

여기에는 네 가지 원리가 있다. 첫째는 가치 갈등을 논리적 구성 요소로 분석한다. 가치 갈등은 사실 진술의 차이, 사실의 관련성에서 차이, 특정한 사실에 대한 값의 차이, 특수한 가치 준거의 해석에서 차이, 가치 판단에 함축되어 있는 가치 원리의 수용성 여부에 따라 일어날 수 있다. 둘째는 의견 차이를 줄이기 위해 가치 분석의 논리적 구성 요소들을 구분한다. 여기에서는 논리적 구성 요소를 알아낸 후 가치 갈등을 줄이기 위해 좀 더 세분화하는 것이다. 예를 들면, 일반적인 평가 용어를 좀 더 구체적인 평가 용어로 구분하여 의견 차이를 줄일 수 있다. 셋째는 의견 차이를 줄이기 위해 평가 대상, 준거, 원리, 상황들을 재해석한다. 평가 대상을 재해석하는 것은 평가 대상을 다른 가치가 있는 것들과 연결시켜서 생각하면 갈등을 줄일 수 있다. 예를 들면, 평가 대상인 수돗물의 불소화에 대하여, 어떤 사람은 이를 강제적인 약물 투입으로 해석하고, 어떤 사람은 공중위생 방법으로 해석할 때, 이러한 의견 차이를 줄일 수 있는 방법은 불소를 수돗물에 첨가하는 화학 약품으로 해석하는 것이다. 넷째, 관련이 있는 인식론적 규칙에 호소한다. 인식론적 규칙에 호소한다는 것은 증거와 과학적 방법의 규칙, 정의적 규칙, 연역 논증의 규칙, 증거의 규칙 등에 호소하는 것이다.

② 절차적 원리

여기에는 세 가지 원리가 있다. 첫째는 갈등의 원인을 알아본다. 갈등의 원인은 각 과정마다 발생할 수 있는데, 이러한 원인을 알아보는 방법은 각자가 찾아내거나 둘이 혹은 여럿이 협력하여 찾아낼 수 있다. 둘째는 갈등의 원인들을 중요도에 따라 순위를 정한다. 갈등의 원인을 찾아내고 그것에 해결해야 할 순위를 정함으로써 갈등 해결을 명료화할 수 있다. 셋째는 갈등의 원인들을 사실 수집표와 증거 카드를 이용하여 조직화한다. 갈등의 원인들의 목록을 작성하고 순위를 정한 다음, 원인들 간의 관계와 종합적인 가치 판단의 어떤 부분들이 그 원인을 제공하고 있는지를 체계적으로 확인하고 점검할 수 있다면 갈등 해결에 도움을 줄 수 있다.

③ 심리학적 원리

여기에는 네 가지 원리가 있다. 첫째는 어려운 갈등보다는 쉬운 갈등을 먼저 해결한다. 갈등들 중에는 다른 갈등보다 해결하기 쉬운 것들이 있다. 이러한 갈등부터 하나씩 해결하는 것이 갈등 해결에 도움을 준다. 둘째는 큰 갈등을 보다 작은 갈등으로 나누어 작은 갈등부터 해결한다. 일반적으로, 큰 갈등보다는 작은 갈등이 해결하기 쉽다. 가령, 일반적으로 공정하게 대우하는 것에 대한 갈등보다는 어떤 특수한 경우에 공정하게 대우하는 것에 대한 갈등을 해결하는 것이 더 쉽다. 셋째는 중심 가치를 포함하고 있는 가치보다는 주변 가치를 포함하고 있는 갈등을 먼저 해결한다. 가령, 종교적 가치처럼 어떤 사람의 가치 원리에서 비롯되는 가치 갈등보다는 어떤 일반적인 사실 정보에서 비롯되는 가치 갈등이 해결하기 쉽다. 넷째는 가치 갈등을 합리적으로 해결할 수 있는 가능성을 높이기 위해 열의를 갖고 노력한다.

2. 가치 갈등 해결 과정

가치 갈등을 해결하는 과정은 ① 최초의 가치 판단을 기록하기, ② 긍정적 진술과 부정적 진술을 비교하고 수정하기, ③ 수정된 긍정적 진술과 부정적 진술의 순위 정하기, ④ 갈등의 중요한 원인 찾아내기, ⑤ 갈등의 가장 중요한 원인들에 대한 증거 카드를 비교하고 수정하기, ⑥ 수정된 긍정적 진술들과 부정적 진술들의 순위 다시 정하기, ⑦ 가치 원리를 수정하고 비교하기, ⑧ 수정된 가치 원리를 비교하고 검사하기, ⑨ 가치 원리 개정하기, ⑩ 최종 가치 판단 비교하기의 10단계가 있다.

① 최초의 가치 판단을 기록하기
그림 III-38과 같이 최초의 가치 판단을 기록한다.

② 긍정적 진술과 부정적 진술을 비교하고 수정하기
갈등하는 사람들이 간과했거나 동일한 자료를 읽지 않았거나 혹은 그 외의 것으로 갈등이 유발될 수 있다. 이러한 의견 차이를 줄이기 위해 미리 준비한 긍정적 진술과 부정적 진술의 순위를 비교한다. 그림 III-38은 영규와 수정이의 긍정적 진술과 부정적 진술이 기록되어 있다. 최초의 진술에는 밑줄을 긋지 않았으나 비교한 결과로서 첨가된 진술에는 밑줄을 그었다.

③ 수정된 긍정적 진술과 부정적 진술의 순위 정하기
앞 단계의 결과로서 갈등하는 사람은 수정된 긍정적 진술과 부정적 진술을 가질 수 있다. 이 단계에서는 각자 자신의 수정된 진술의 순위를 정한다. 그림 III-38에서는 최초의 순위(R1)와 밑줄 친 진술들을 추가한 후의 재순위(R2)를 나타낸다.

④ 갈등의 중요한 원인 찾아내기
평가 대상과 관련된 사실 정보 자료에 대한 가장 중요한 갈등 원인은 어떤 사람에게는 긍정적인 값을 그리고 어떤 사람에게는

영규   수정

최초의 VJ: 낙태 자유화는 대단히 바람직하다.   최초의 VJ: 낙태 자유화는 바람직하지 않다.

R1	R2	부정적	긍정적	R1	R2	R1	R2	부정적	긍정적	R2
1	1	<u>인간이라고 부르기 시작 하는 시기에 대한 논쟁 때 문에</u> 종교적 반대에 부딪 힐 것이다.	이전보다 출 생자 수가 감 소할 것이다.	1	1	1	1	어느 시기부 터 인간이라 고 말할 수 있는지 모른 다.	낙태는 많은 사람들이 받 아들일 수 있 는 유일한 임 신 후기 조절 방법이다.	1
2	2	진술 1과 는 다른 이유에 서 문화적 반대에 부딪 힐 것이다.	낙태를 적합한 방법으로 실시 하면 정상 분 만같이 위험하 지 않다.	2	2	2	2	많은 사람들 은 낙태를 도덕적으로 받아들일 수 없다.	낙태는 점차 간단하고 안 전한 수술이 되고 있다.	2
3	3	포괄적인 계 획에 대한 비 용이, 특히 저개발 국가 에서 많이 들 것이다.	낙태 그 자체 는 아무런 심 리적 손상을 입히지 않는 다.	3	3	3	3	임신 조절 문제가 기술 적 문제보다 더 동기 유 발적이다.	아이를 원하 지 않는 어머 니에게서 자 라는 어린이 의 비율이 낮 아질 것이다.	
			아이를 원하 지 않는 어머 니에게서 자 라는 어린이 의 비율이 낮 아질 것이다.	4	5	4		<u>낙태는 어떤 사람들에게 는 문화적으 로나 도덕적 으로 옳지 않은 것이 다.</u>	낙태 그 자체 는 심리적 손 상을 주지 않 는다.	
			불법적인 낙 태로 인하여 가난한 사람 에 대한 차별 이 없다.	5						

그림 III-38. 최초의 긍정적 진술과 부정적 진술, 수정된 긍정적 진술과 부정적 진술, 순위

기호: 밑줄 – 단계 2에서 첨가된 진술.
R1 – 토론 전 최초의 순위.
R2 – 단계 3에서 다시 순위를 정한 것.

영규	수정	최초의 진술 (단계 4의 처음에서)	수정된 진술 (단계 4의 끝에서)
+	−	없음	이전보다 현저히 예상 출생률이 낮아질 것이다.
−	+	없음	없음
+	0	낙태 자유화는 이전보다 출생 수를 줄일 것이다.	삭제함
0	+	낙태는 많은 사람들이 받아들일 수 있는 유일한 임신 후기 조절 방법이다.	낙태는 많은 사람들이 받아들일 수 있는 유일한 임신 후기 조절 방법이다.
−	0	우리가 인간이라고 부르기 시작하는 시기에 대한 논쟁 때문에 종교적 반대에 부딪힐 것이다.	낙태 자유화는 '인간' 이라는 용어의 의미에 대하여 논쟁이 되고 있는 범주에 들어 있는 생명을 파괴하는 것이 포함되어 있다.
0	−	어느 시기부터 인간이라고 말할 수 있는지 모른다.	

그림 III-39. 갈등을 일으킬 가능성이 가장 높은 진술들

기호: + 최고 순위의 긍정적 진술
　　　− 최고 순위의 부정적 진술
　　　0 목록에 없는 진술

부정적인 값을 혹은 아무런 값을 부여하지 않으면서 우선순위가 달라지는 것이다. 이를 조정하고 해결하는 것이 의견 차이를 줄이는 방법이다. 그러기 위해, 갈등의 원인이 되는 진술들을 확인하는 과정에서 재형식화해야 한다. 가령, 영규에게는 긍정적이고 수정에게는 부정적인 진술을 찾아내는 과정에서, 영규의 첫 번째 긍정적 진술 "이전보다 출생자 수가 감소할 것이다"는 수정이의 세 번째 부정적 진술 "임신 조절 문제가 기술적 문제보다 더 동기 유발적이다"가 함축하고 있는 것, 즉 '출생률은 낙태 자유화에 의하여 현저히 줄어들지 않을 것이다' 라는 것과 갈등을 보이고 있었다. 얼마의 토론 결과 그 진술은 "이전보다 현저히 예상 출생률이 낮아질 것이다"라고 해석하는 것으로 재형식화하였다. 이러한 수정된 진술 때문에 영규에게는 긍정적이 되고, 수정이의 목록에는 없는 진술 "낙태 자유화는 이전보다 출생률을 줄일 것이다"를 삭제하게 되었다(그림 Ⅲ-39 참조).

⑤ 갈등의 가장 중요한 원인들에 대한 증거 카드를 비교하고 수정하기

잠정적 사실들이 참인지, 관련성이 있는지를 분명히 하려면 전 단계에서 확인한 진술들 각각에 대한 증거 카드를 이용하는 것이 좋다. 증거가 없는 진술들은 삭제하고 가능적 사실들의 순위를 정한다면 의견 차이를 줄일 수 있다. 준거에 대한 토론은 여러 가지 수정을 하게 되므로 갈등을 줄일 수 있다. 그림 Ⅲ-40은 전 단계에서 확인한 사실들, 그 사실들에 대한 최초의 준거들, 토론 후에 수정된 준거들이 있다. 영규의 비교 종류와 평가 용어에서 변화가 있었다.

⑥ 수정된 긍정적 진술들과 부정적 진술들의 순위 다시 정하기

이 단계에서는 자신의 긍정적 진술들과 부정적 진술들의 순위를 다시 정한다. 이러한 활동은 자신의 가치 원리를 수정하는 데 많은 도움을 준다.

⑦ 가치 원리를 수정하고 비교하기

이 단계에 이를 때까지 있었던 중요한 점을 종합하고, 가치 원리에 초점을 맞춰 수정을 요하는 것은 수정하고 비교할 것은 비교한다. 그림 Ⅲ-41은 가치 갈등을 보였던 두 사람의 최초의 가치 원리와 수정된 가치 원리가 기록되어 있다.

이름	단계 4에서 확인된 사실	최초의 준거(단계 5 처음)	수정된 준거(단계 5 마지막)
영규	낙태 자유화는 이전보다 출생률을 감소시킬 것이다.	자의적, 윤리적, 합리적, 효과적인 모든 산아 제한 조치는 바람직하다.	출생률을 감소시키는 모든 산아 제한 조치는 효과적이다.
수정	낙태 자유화는 많은 사람들이 받아들일 수 있다.	많은 사람들이 받아들일 수 있는 모든 임신 후기 조절 방법은 실행 가능한 것이다.	같음
영규 와 수정	낙태 자유화는 종교적, 문화적 반대에 부딪힌다.	종교적, 문화적 반대가 있는 모든 산아 제한 조치는 실행 가능성이 적다.	같음
수정	낙태 자유화는 종교적, 문화적 반대에 부딪힌다.	종교적, 문화적 반대가 있는 모든 산아 제한 조치는 비윤리적이다.	같음
수정	낙태 자유화는 어느 시기부터 인간 생명이 시작되는지를 잘 모른다는 사실을 고려하지 않고 있다.	어느 시기부터 인간 생명이 시작되는지를 모른다는 사실을 고려하지 않은 모든 산아 제한 조치는 비윤리적이다.	'인간'의 의미에 대하여 논쟁이 되고 있는 범위에 속하는 생명을 파괴하는 모든 산아 제한 조치는 비윤리적이다.

그림 III-40. 갈등을 일으킬 가능성이 가장 높은 진술들에 대한 사실, 최초 준거, 수정된 준거

⑧ 수정된 가치 원리를 비교하고 검사하기

이 단계에서는 가치 갈등 해결 과정을 통해 수정된 가치 원리를 비교하고 검사한다. 위의 예에서처럼, 다른 사람의 원리에 대한 역할 교환 검사에서 가장 반대되는 사례를 찾는 방법으로 서로의 원리를 검사할 수 있다. 가치 갈등 원인 중에서 가치 원리의 차이에서 비롯된 갈등을 해결하기가 가장 어렵다. 왜냐하면 가치 원리의 차이는 가치관 혹은 신념의 차이이기 때문이다. 그러나 이 가치

이름	최초의 가치 원리 (토론 전)	수정된 가치 원리 (단계7에서)	최종 가치 원리 (단계 9에서)
영규	히틀러식이 아니고, 자의적이고, 이전보다 출생자 수를 감소시키고, 정산 분만보다 안전하고, 심리적 피해가 없는 모든 산아 제한 조치는 비록 인간이라고 부르기 시작하는 시기에 관한 논쟁 때문에 종교적, 문화적 반대가 있고, 특히 저개발 국가에서는 비용이 많이 들지라도 대단히 바람직하다.	변화 없음	히틀러식이 아니고, 이전보다 출생자 수를 감소시키고, 정상 분만보다 안전하고, 나중에 더 심한 타의에 의한 조치를 받지 않게 하는 모든 산아 제한 조치는 비록 인간이라 부르는 시기에 대하여 종교적, 문화적 반대가 있고, 가족의 생필품을 팔 정도는 아니나 비용이 많이 들고, 어느 정도 심리적 손상을 가져올지라도 대단히 바람직하다.
수정	비윤리적이고, 교육 프로그램보다 인구 조절에 훨씬 더 효과적이라는 것이 증명되지도 않은 모든 산아 제한 조치는, 비록 그것이 기술적으로 실행 가능성이 있고, 많은 사람들이 받아들일 수 있는 것일지라도 바람직하지 않다.	인간에 대한 논쟁을 포함하고 있고, 교육 프로그램보다 인구 조절에 훨씬 더 효과적이라는 것이 증명되지도 않은 모든 산아 제한 조치는 기술적으로 실행 가능성이 있고, 많은 사람들이 받아들일 수 있는 것일지라도 바람직하지 않다.	외과 의사 법령을 위반하는 것을 포함하고 있고, 교육 프로그램보다 인구 조절에 훨씬 더 효과적인 것으로 증명되지도 않은 모든 산아 제한 조치는, 비록 기술적으로 실행 가능성이 있고, 많은 사람들이 받아들일 수 있는 것일지라도 대단히 바람직하지 않다.

그림 III-41. 두 사람의 최초의 가치 원리와 수정된 가치 원리의 비교

원리의 갈등을 전혀 해결할 수 없다는 뜻은 아니다. 다만 갈등하는 당사자 간에 조금씩 양보한다면 가치 원리의 차이도 극복할 수 있다. 사실상, 아무리 강하게 주장되는 가치 원리도 열린 마음을 갖고 원리 수용성 검사를 거친다면 상당 부분 가치 원리 간의 충돌을 완화시키거나 절충이 가능하다.

⑨ 가치 원리 개정하기

이 단계는 수정된 가치 원리를 검사한 후에 가치 원리를 개정하는 단계이다.

⑩ 최종 가치 판단 비교하기

이 단계에서는 가치 판단의 갈등이 해결되었는지를 마지막으로 검토한다. 평가 대상과 관련된 사실들의 검토, 준거와 원리를 검토한 결과 최종 가치 판단에는 어떤 변화가 나타났는지를 검사한다. 위의 예에서, 수정이의 최초 가치 판단인 "낙태 자유화는 바람직하지 않다"는 최종 가치 판단인 "낙태 자유화는 대단히 바람직하지 않다"로 바뀌었다. 영규는 "낙태 자유화는 대단히 바람직하다"를 고수하였다.

3. 가치 갈등 해결의 교수 전략

가치 분석의 6가지 과제들과 대비되는 가치 갈등 해결의 6가지 교수 과제는 ① 가치문제의 해석에서 의견 차이 줄이기, ② 수집된 가능적 사실들에서 의견 차이 줄이기, ③ 가능적 사실들의 참을 평가할 때 의견 차이 줄이기, ④ 사실들의 관련성에서 의견 차이 줄이기, ⑤ 잠정적 가치 판단에서 의견 차이 줄이기, ⑥ 가치 원리의 수용성 검사에서 의견 차이 줄이기이다(그림 III-42 참조).

가치 분석 교수 전략에서 언급된 처칠 수상에 관한 예문을 중심으로 가치 분석 모형에서의 가치 갈등 해결 전략을 적용해 가치 갈등을 해결해 보자. 먼저, 가치 갈등 문제의 명료화는 '논의하고

가치 갈등 해결 단계	가치 갈등의 내용
① 가치문제의 해석에서 의견 차이 줄이기	· 문제 사태에 대한 정확한 인식의 부족 · 가치 판단의 정확한 대상 확인 · 용어 정의에 대한 차이 · 가치 판단의 관점에 대한 차이
② 수집된 가능적 사실들에서 의견 차이 줄이기	· 사실적 진술과 평가적 진술을 분류 검토하기 · 고려되고 있는 사실들의 범위 차이
③ 가능적 사실들의 참을 평가할 때 의견 차이 줄이기	· 평가 대상에 대한 사실의 진위에서의 차이 · 증거에 대한 규칙에 관한 지식의 차이 · 엄격한 기준에서의 차이
④ 사실들의 관련성에서 의견 차이 줄이기	· 평가 대상과 사실과의 관련성에서의 차이 · 관련 있는 사실의 긍정적 값과 부정적 값의 차이
⑤ 잠정적 가치 판단에서 의견 차이 줄이기	· 잠정적 가치 결정 내리기 · 가치 원리를 구체화하기
⑥ 가치 원리의 수용성 검사에서 의견 차이 줄이기	· 부정적이고 긍정적인 사례 모두에 포괄적이지 못함 · 보다 더 일반적인 원리를 찾지 못함 · 자기중심적인 사고의 틀을 벗어나지 못하고, 역지사지를 하지 못함 · 보편적으로 그 원리에 따라 수행된 결과를 예측하지 못함

그림 III-42. 가치 갈등 해결 교수 전략

지도 단계	가치문제 해석에서의 의견 차이 줄이기
가치문제 상황의 인식	· 어떤 가치문제가 발생했는가? · 여기서 논의하려는 문제의 핵심은 무엇일까? · 수상과 경찰관의 관계는? · 이와 같은 상황에서 경찰관이 수상의 교통 위반을 적발해야만 하는가? · 수상 차를 적발하였을 때 자신에게 미칠 영향은 무엇일까? · 수상의 역할과 법 집행과는 어떤 관련이 있는가? · 그렇다면 이것은 어떤 문제인가? · 왜 이러한 문제가 제기되었을까?

그림 III-43. 가치문제 해석에서의 의견 차이 줄이기

자 하는 문제가 무엇인지'를 명료화하는 단계이다. 다시 말해, 상호 갈등하고 있는 가치 판단을 검토하고, 이러한 가치 판단의 갈등의 원인을 파악하는 것이다. 이를 위해, '가치문제에서 서로 갈등하는 가치가 무엇인지' 파악하고 애매모호한 용어를 정의함으로써 논점을 분명히 한다. 예컨대, 수상 차를 적발하는 것은 '법은 공평하게 집행되어야 한다'는 가치와 '법을 집행함에 있어 공무로 인한 과실은 관대할 수 있다'는 가치가 갈등하고 있음을 학생들이 인식하도록 해야 할 것이다. 또한 수상 차를 적발하지 못하는 이유로 '수상의 권력(힘)이 두려워서'라고 제시한다면, 논점은 '수상의 역할'과 '법 집행의 문제'가 될 것이다. 따라서 도덕적 문제 사태와 관련된 '논점'을 분명히 함으로써 합의된 가치에 관한 논의를 시작할 수 있다. 이를 도식화하면 그림 III-43과 같다.

사실의 진위 및 관련성을 검사하는 단계는 평가 대상과 관련된 사실 지식을 수집하고, 이러한 사실 지식과 평가 대상과의 관련성을 검사하는 과정이다. 만약 평가 대상에 대한 사실 지식이 서로

지도 단계	사실의 진위 및 관련성에서 의견 차이 줄이기
사실의 진위 및 관련성 검사하기	· 수상이 하는 일은 어떻다고 생각하는가? · 수상이 하는 일이 정말로 국가에 중요하고 어려운 일인가? · 만약에 관련성이 있다면 그 근거는 무엇인가? · 법을 집행하는 것과 공무는 서로 관련성이 있는가? · 수상 차를 적발하였을 때 자신에게 미칠 영향은 무엇일까? · 수상의 역할과 법 집행과는 어떤 관련이 있는가? · 관련성이 있다면 그 근거는 무엇인가?

그림 III-44. 사실의 진위 및 관련성에서 의견 차이 줄이기

다르거나 평가 대상과 관련된 폭넓은 정보를 구하지 못하고, 수집한 사실 지식이 평가 대상과 관련성이 없다면 가치 갈등은 발생하기 마련이다. 예를 들어, 경찰이 교통 법규를 위반한 수상 차를 적발해서는 안 되는 이유로 '수상은 국가의 중대사를 처리하는 분이므로 경미한 위반 사항으로 그분의 시간을 지체시킨다면 국가에 손해를 끼칠 수 있기 때문에'라고 제시할 수 있다. 이러한 경우에는 '수상의 하는 일'과 '법 집행과의 관계'에 관한 사실 지식을 살펴야 할 것이다. 또한 수상 차를 적발하지 못하는 이유로 '수상의 권력(힘)이 두려워서'라고 제시한다면 '수상의 역할'과 '법 집행의 문제'에 관한 사실 지식이 필요할 것이다(그림 III-44 참조).

다음은 평가 대상에 대한 사실 지식을 토대로 잠정적 가치를 결정하는 단계이다. 이 단계에서는 도덕적 문제 사태에 대한 관점이 서로 다르거나 사실 지식이 서로 다를 때에는 서로 다른 잠정적 가치를 결정할 수 있다. 또한 평가 대상에 관한 관점이 같다고 하더라도 개인에 따라 다른 가치를 결정할 수 있음에 유의해야 한다

지도 단계	잠정적 가치 결정에서 의견 차이 줄이기
· 잠정적 가치 결정 내리기	○ 이러한 사실을 토대로 어떤 가치 판단을 내릴 수 있을까? · 교통 신호를 위반한 수상의 차를 적발한 경찰관의 행위는 옳다(가치 원리: 법은 누구에게나 공정하게 집행되어야 한다). · 교통 신호를 위반한 수상의 차를 적발한 경찰관의 행위는 옳지 않다(가치 원리: 법은 특별한 경우에는 예외로 적용될 수 있다).

그림 III-45. 잠정적 가치 결정에서 의견 차이 줄이기

(그림 III-45 참조).

　　잠정적 가치 결정 속에 포함되어 있는 가치 원리를 검사하는 단계이다. 여기에는 새로운 사례 검사, 보편적 결과 검사, 역할 교환 검사, 포섭 검사의 과정이 있다. 그러나 가치 원리를 검사할 때 네 가지 검사를 모두 할 필요는 없다. 도덕적 문제 상황에 따라, 그 상황에 적합한 원리 검사를 실시함으로써 가치 갈등을 해소할 수 있다. 예를 들면, 위의 예에서는 새로운 사례 검사와 역할 교환 검사 그리고 보편적 결과 검사를 통해 가치 갈등을 해소할 수 있다(그림 III-46. III-47 참조).

지도 단계	가치 원리에서 의견 차이 줄이기
· 새로운 사례 검사하기 · 역할 교환 검사하기 · 보편적 결과 검사하기	· 만약 대통령이 교통 법규를 위반해도 적발해야 하는가? · 만약 자기 자신이 고위 공무원이라고 가정할 때에도 똑같은 법 적용을 원하는가? · 모든 고위 공무원들이 유사한 상황에서 법의 예외를 인정한다면 이 사회의 질서는 어떻게 될까?

그림 Ⅲ-46. 가치 원리에서 의견 차이 줄이기

지도 단계	최종 가치 결정하기
· 최종 가치 결정하기	○ 최종적으로 어떤 가치 판단을 내릴 수 있을까? · 법은 누구에게나 공정하게 집행되어야 한다.

그림 Ⅲ-47. 최종 가치 결정하기

주

I. 가치 판단 능력의 필요성과 가치 판단의 정당화

1) L. E. Metcalf (ed), 정선심, 조성민 역(1992), 『가치교육』, 철학과 현실사. pp. 21-2. 가치 판단은 평가자의 보는 시각에 따라 다양한 관점에서 합리적으로 평가할 수 있다. 즉, 하나의 평가 대상에 대해서도 평가하는 사람에 따라 도덕적, 미적, 경제적, 타산적 관점에서 평가할 수 있다. 가령, 평가 대상이 '자동차'일 때 어떤 사람은 경제적 관점에서, 어떤 사람은 사회적 혹은 미적 관점에서 평가할 수 있다. 그러나 이러한 관점들 중에서 도덕적 관점에서의 판단은 다른 모든 관점에서의 판단보다 우위를 차지하기 때문에 더욱 중요하다. 예를 들어, 인구가 많은 나라에서 낙태 수술이 인구 조절이라는 경제적 혹은 사회적 관점에서 효과적이라고 판단할 수 있다. 그렇지만 그것이 도덕적 관점에서 부도덕한 행위라고 판단한다면 그 행위는 좋은 판단이 아니다. 이처럼 도덕적 관점에서의 판단은 관련된 모든 사람들의 이익에 대하여 동등하고 공평한 고려를 바탕으로 한다는 사실 때문에 다른 관점에서의 가치 판단과 구별된다. 위의 책, p.

48.

2) 동아출판사(1982), 『동아 프라임 국어사전』, p. 2080.

3) 논증은 주어진 가치 판단이 합리적인 이유를 밝히는 것이다. 이러한 규명 과정은 결국 평가적 추론 과정을 추적하여 논증이 평가적 추론의 규칙을 제대로 준수했는지를 살피는 일과 관련된다.

II. 가치 판단의 논리를 위한 이론적 기초

1) S. E. Toulmin은 사실적 근거 위에서 가치(윤리적) 판단을 도출할 수 있는 추론을 평가적 추론evaluative inference이라 불렀다. G. E. Kenner, *The Revolution in Ethical Theory* (Oxford University Press, 1966), p. 98. 이러한 평가적 추론과 대비하기 위해 이 책에서는 서술적 명제를 다루는 추론을 '논리적 추론'으로 부르고자 한다.

2) 조용일(1988), 『일반논리학』, 동성사, p. 39.

3) 이처럼 다양한 현상적 변화 속에서도 변하지 않는 보편적이고 공통적인 요소를 추출하는 작용은 논리학의 일반적 원리인 동일률의 법칙을 따른 것이다. 논리학의 일반 원리로서 동일률, 모순율, 배중률, 충족 이유율이 있다. 동일률은 동일한 사유 과정에서 개념과 판단은 반드시 동일성을 유지해야 한다는 사유 법칙으로서, 'A는 A이다' 는 동일한 사유 과정에서 항상 동일성을 유지해야 한다는 것이다. 동일률은 그 의미를 확장하여 '경주는 신라의 구도다, 혹은 금강석은 광물이다' 와 같이 모든 긍정적 판단의 기초가 된다. 모순율은 어떤 사유 대상에 대해 동일한 시간에 서로 모순되는 두 판단을 내릴 수 없다는 사유 법칙으로서 'A는 비A가 아니다' 의 형식을 띠며, 배중률은 중간을 배척한다는 규율로 두 개의 모순된 개념 안에 제3의 판단이 들어오는 것을 배제하여 둘 중 어느 것이

참이어야 한다는 원리로서 'A는 B든가 비B이다' 의 형식을 갖는다. 충족 이유율은 모든 사물의 존재 또는 진리에는 그것이 존재하거나 진리이어 야 할 충분한 이유가 있어야 한다는 원리로서, 'A가 진리인 이유는 B가 진리이기 때문이다' 라는 형식을 취한다.

4) 개념 형성이 반드시 추상과 사상의 작용을 통해 형성되는 것은 아니다. 개별적 존재를 나타내는 독단적 존재, 즉 소크라테스와 같은 이름도 개 념이다. Husserl에 의하면, 보편적인 본질은 비교 추상의 작용으로서 파 악되는 것이 아니라 본질체관本質諦觀에 의하여 한 떨기 붉은 꽃을 보고 도 적색 일반을 능히 파악하게 된다고 한다(조용일, 위의 책, p. 41).

5) 정의는 종의 본질적 속성을 기술해야 하며, 순환적이어서는 안 되고, 너 무 넓거나 너무 좁아서도 안 되며, 애매모호하거나 또는 비유적인 표현 을 사용해서도 안 되며, 긍정적 정의가 가능한 경우에는 부정적 정의를 해서는 안 된다. 조성민, 정선심(1993),『논리와 가치탐구』, 철학과 현실 사, pp. 15-6.

6) 위의 책, pp. 13-4.

7) 종차는 두 종을 구별하기 위한 차이점으로, 그 종만의 본질적 속성을 말 하며, 최근류는 어떤 개념에 대해 가장 가까운 유개념을 의미하고, 최근 종은 어떤 개념에 대해 가장 가까이 있는 종개념을 의미한다.

8) 전칭 긍정 판단(명제)을 A명제, 전칭 부정 판단을 E명제, 특칭 긍정 판단 을 I명제, 특칭 부정 판단을 O명제라 한다. 긍정을 의미하는 A와 I는 라 틴어의 AffIrmo에서 비롯되었으며, 부정을 의미하는 E와 O는 nEgO에서 유래하였다. 조성민 외(1993), 앞의 책, p. 47.

9) 주연은 어떤 명사의 외연 속에 포함되는 모든 개체에 대해, 즉 외연 전체 를 언급한다든지 그 전체에 대해 주장한 지식을 줄 때 사용되는 논리학 적 술어이다. 예를 들어, '모든 식물은 생물이다' 라는 명제는 그 명제의 빈사인 생물이란 명사의 외연 전부에 대해 언급하지 않는다. 즉, 그 명사 에 의해 지시된 집합의 성원 전부에 대한 것이 아니고 그 일부만을 언급

한 것이다. '모든 식물은 생물이다' 라고 하면, 생물 전부가 아니고 동물을 제외시킨 식물, 즉 일부의 생물이 식물이기 때문이다. 따라서 그 명제에서 빈사인 생물은 부주연되었다고 말한다. 여훈근(1999), 『현대 논리학』, 민영사, pp. 42-3.

10) 실연 판단은 주사와 빈사의 관계가 실현되어 있음을 주장하는 판단이고, 필연 판단은 주사와 빈사의 관계가 반드시 이루어짐을 나타내는 판단이며, 개연 판단은 주사와 빈사의 결합이 확실하지는 않지만 그 가능성이 있음을 드러내는 판단이다.

11) 그러나 일반적인 명제로부터 타당한 명제를 도출하는 경우도 있다. 예를 들면,

모든 동물은 죽는다.
모든 사람은 동물이다.
따라서 모든 사람은 죽는다.

또한 개별적인 사실로부터의 추론도 가능하다. 예를 들면,

만일 갑돌이가 인간이라면 그는 죽는다.
갑돌이는 인간이다.
따라서 갑돌이는 죽는다.

따라서 연역 추론은 전제가 결론을 필연적으로 뒷받침해 주는 추론이라 할 수 있다(조성민 외(1993), 앞의 책, pp. 69-70).

12) '모든 S는 P이다' 라는 판단은 '어떤 P는 S이다' 로 환위가 가능하다. 예를 들면, '모든 사람은 동물이다' 라는 A명제는 '모든 동물은 사람이다' 라고 환위하면 잘못된 판단이나, '어떤 동물은 사람이다' 라고 제한적으로 환위하는 것은 가능하다.

13) 삼단 논법은 다음과 같은 규칙이 있다. ① 중명사는 적어도 한 번은 주연 되어야 한다(중명사 부주연의 오류). ② 전제에서 부주연된 명사를 결론 에서 주연시켜서는 안 된다(부당 주연의 오류). ③ 부정인 두 전제에서 결론을 이끌어 낼 수 없다. 즉, 두 전제가 모두 부정이면 소명사와 대명 사는 모두 중명사의 외연 밖에 있다. 그러므로 소명사와 대명사의 일치 여부의 관계를 형식상으로 결정지을 수 없다(양부정 전제의 오류). ④ 두 긍정 전제로부터 부정인 결론을 이끌어 낼 수 없다. 즉, 모든 전제가 긍 정이면 중명사는 대명사와 소명사에 일치하는 관계이기 때문이다(부당 부정의 오류). ⑤ 전제의 하나가 부정이면 결론도 부정 명제이어야 한다. 즉, 전제의 하나가 부정이면 중명사는 대명사나 소명사 중 어느 하나와 는 일치하지 않는다. 그러므로 대명사와 소명사는 일치하지 않으므로 결 론은 부정 명제이어야 한다(부당 긍정의 오류). ⑥ 전제가 둘 다 전칭이 면 특칭 명제인 결론을 이끌어 낼 수 없다. ⑦ 두 전제가 모두 특칭이면 결론을 이끌어 낼 수 없다.

14) 김광수(2002), 『논리와 비판적 사고』, 철학과 현실사, pp. 71-91.

15) L. E. Metcalf (ed), *Values Education: Rationale, Strategies and Procedures* (Washington, D. C: NCSS, 1971), pp. 7-10.

16) J. R. Cooms는 도덕적 추론을 일종의 실천적 추론, 즉 무엇을 행할 것인 가에 관한 추론으로 구분한다. 실천적 추론은 두 가지 독특한 근거들을 포함하는데, 하나는 욕망, 의도, 행위 규칙과 같은 동기적 이유이고, 다른 하나는 어떤 행위가 욕망, 의도, 행위 규칙을 실현할 것인가에 관한 믿음 이다. 그리고 실천적 추론의 결론은 '어떤 행위를 취할 것인가' 하는 결 단이다. 예를 들면,

다른 사람의 생명을 위태롭게 하는 것은 옳지 않다. (대전제)
만일 내가 음주 운전을 한다면 남의 생명을 위태롭게 하는 것이다. (소 전제)

그러므로 내가 음주 운전을 하는 것은 옳지 않다. (결론)

J. R. Coombs, "Attainments of the Morally Educated Person," D. B. Cochrane (ed), *Development of Moral Reasoning* (A Division of CBS, Inc.,1980), p. 17. 그러나 이 책에서는 평가적 추론과 도덕적 추론을 구분하지 않고, 넓은 범주에서 도덕 판단은 가치 판단에 포함되므로 도덕적 추론을 평가적 추론에 포함하고자 한다.

17) 칸트에 있어서 도덕률(실천의 법칙)은 객관적으로 이미 주어져 있으며, 이것은 사람의 직관에 의해 발견된다고 본다. 칸트는 본래 도덕의 절대성을 믿었으며, 무제약적으로 타당한 실천 법칙이 존재한다고 확신한다. 즉, 객관적으로 이미 주어져 있는 것으로, 사람의 직관에 의해 발견되는 것으로 보았다. 그리고 그 실천 법칙의 발견 원리로서 구체적 법칙이 아닌 형식적 원리를 제시한다. 이것은 네 의지의 준칙이 항상 동시에 보편적 입법의 원리로서 타당하도록 행위하라' 는 보편적 입법의 원리이다. 예를 들면, 거짓 약속을 하는 경우 우리는 모든 사람이 자기와 같이 거짓 약속을 할 것을 바랄 수는 없다. 왜냐하면 거짓 약속이 보편화되면 거짓 약속 자체가 성립될 수 없기 때문이다. 김태길(1984), 『윤리학』, 박영사, pp. 133-45 참조. 이러한 보편화 원리는 현대 윤리학자들에게 많은 영향을 미쳤다.

18) 형이상학적 윤리설에 있어서 인생의 목적이 선천적으로 주어져 있다고 주장하는 목적론적 윤리설이나 보편타당한 절대적인 도덕적 법칙이 존재한다고 주장하는 의무론적 윤리설은 그 목적이 무엇인지, 보편적 법칙이 무엇인지를 '직관' 에 의해 알 수 있다고 주장한다. 김태길, 위의 책, p. 164.

19) R. S. Peters, "Classical Theory of Justification," in P. F. Carbone (ed) *Value Theory and Education* (Florida: Robert E. Krieger Publishing Co, 1987), p. 26.

20) Ibid, p. 27.

21) Ibid, p. 26.

22) Ibid, p. 27.

23) Ibid, p. 26.

24) 무어는 현대 윤리학의 출발점이 되는 사람으로서, 윤리학의 본질을 탐구하고자 하였다. 현대 윤리학은 전통적인 당위의 학에서 벗어나 옳음, 좋음 등의 의미 분석을 통해 가치 판단의 정당성을 규명하고자 하였다.

25) G. E. Moore, *Principia Ethica* (Cambridge University Press, 1903), p. 6.

26) Ibid, p. 7.

27) '선은 쾌락이다' 라는 식의 자연론적 정의는 선의 외연을 밝힌 것으로 볼 수 있다. 이상적인 정의는 개념의 내포를 밝힘에 있으나, 그것이 불가능할 경우에는 외연을 밝히는 정의도 약간의 도움이 될 수 있을 것이다. 자연론자들의 잘못은 외연을 밝히는 정의를 내린 사실에 있는 것이 아니라 외연에 의한 정의를 내포에 의한 그것으로 오인했을 경우에 일어난다. 김태길, 앞의 책, p. 169. 무어는 쾌락 이외에도 선이 될 수 있는 것은 많지만, 단지 선을 어느 하나의 개념으로 정의할 수 없다는 점을 강조한다.

28) 김상배 역(1986), 『현대 윤리학』, 서광사, p. 78.

29) 조무남(1982), 「도덕적 지식의 구조 분석」, 『강원대학교 인문학연구』 제17집, p. 341.

30) 김태길, 앞의 책, p. 215.

31) R. Lawler, *Philosophical Analysis and Ethics*, Horizon in Philosophy, 1968, p. 22.

32) A. J. Ayer, *Language, Truth and Logic* (New York: Dover, 1946), pp. 106-7.

33) M. Warnock, *Ethics Since 1900*, Oxford University Press, 1967, p. 58.

34) A. J. Ayer, op. cit., p. 24.

35) R. Carnap, *Philosophy and Logical Syntax* (London; Routledge & Kegan

Paul, 1935), p. 49.

36) A. J. Ayer, op. cit., pp. 141-2.

37) Ibid, p. 107.

38) R. Lawler, op. cit., p. 23.

39) C. L. Stevenson, *Ethics and Language* (New Haven and London: Yale University Press, 1944), pp.2-8.

40) G. E. Kenner, op. cit., p. 41.

41) 김태길, 앞의 책, pp. 233-4.

42) C. L. Stevenson, op. cit., pp. 139-40.

43) 김태길, 앞의 책, p. 246.

44) 위의 책, p. 184.

45) 위의 책, p. 95.

46) J. Rachels, 김기순 역(1989),『도덕 철학』, 서광사, p. 139.

47) 위의 책, 229.

48) 쾌락의 양을 측정하는 법에는 ① 강도, ② 지속성, ③ 확실성, ④ 근접성, ⑤ 생산성, ⑥ 순수도, ⑦ 파급 범위 등이 있다. W. S. Sahakian, *Ethics*, 송휘칠, 황경식 역 (1986),『윤리학의 이론과 역사』, 박영사, p. 230.

49) 칼라일은 벤담의 최대 다수의 최대 행복의 원리를 최대 고결의 원리로 대체한다. 이 원리는 우리들에게 각자의 행복을 스스로의 일에서 찾도록 지시하는 원리로서 정신적 쾌락이 육체적 쾌락보다 우월하며, 교양이 관능적 탐욕보다 우월하다고 주장한다. 위의 책, pp. 235-6.

50) 위의 책, p. 237.

51) J. S. Mill, *Utilitarianism* (The Liberal Art Press 1863), pp. 40-1.

52) R. S. Peters, op. cit., p. 26.

53) 시즈위크의 보편적 쾌락주의는 칸트적인 직관주의를 밀의 공리주의와 결합시킨다. 시즈위크는 밀의 윤리학적 쾌락주의의 타당성을 확신하면서 행복은 의문의 여지없이 인간의 윤리적 목표라고 주장했으며, 동시에

칸트의 정언 명법의 진리성에 설득되어 인간은 누구나 보편적인 행복을 증진시킬 의무가 있다고 주장했다. 또한 라슈달은 우리의 행동이 인류를 위하여 쾌락을 포함한 이상적 목적과 선을 산출하는 경향이 있느냐 없느냐에 따라 선과 악이 규정된다고 보고, 옳은 행동은 항상 전체적 관점에서 볼 때 최대량의 선을 산출하는 것으로 보았다. 송휘칠 외 (역), 앞의 책, pp. 240-5.

54) R. S. Peters, op. cit, pp. 21-2.

55) 김태길, 앞의 책, p. 106.

56) 가치 판단을 사실 판단으로부터 연역하는 것을 자연론적 오류라고 한다. 이는 학자들 간에 여러 주장이 있지만, 일반적으로 선악이나 옳고 그름의 문제는 사실 판단이 아닌데, 사실에 근거하여 가치를 판단하는 것을 자연론적 오류라 부른다. 즉, '사실fact' 과 '존재being' 라는 영역은 '가치value' 와 '당위Sollen' 와는 본래 다른 영역이다. 따라서 전자로부터 후자를 추리할 수 없다. 이처럼 자연론적 오류는 가치어value terms를 비가치어non-value terms로써 정의하거나 혹은 가치 판단을 사실 판단으로 환원하려는 시도 안에 깃든 논리적 난점을 지적한 것이다. 프랑케나는 정의주의적 오류definist fallacy와 연역적 오류deductive fallacy로 나눈다. 정의주의적 오류는 가치 술어의 의미가 순수한 사실적 용어로 완전히 분석 또는 환원될 수 있다는 명제이고, 연역적 오류는 일련의 사실로부터 가치 판단을 연역하는 것이 가능하거나 혹은 존재로부터 당위를 도출할 수 있다는 명제이다. P. W. Tayor, 김영진 역(1985), 『윤리학의 기본원리』, 서광사, p. 244-52. 그러나 Whillwright에 의하면, 사실 판단으로부터 가치 판단을 이끌어 내는 것은 자연론적 오류를 범하는 것이 아니다. 예컨대 '쾌락은 선이다' 라는 명제는 명제 속에 이미 전제가 포함되어 있다는 것이다. 즉, 생략 추리법enthymemes으로 이를 설명하고 있는데, 위의 명제에서는 '쾌락은 모든 사람들에 의해 추구된다' 라는 명제가 포함되어 있다는 것이다. 따라서 심리적인 것으로부터 윤리적인 쾌

락주의를 추론하는 에피쿠로스학파는 모든 사람들에 의해 추구되는 것이 '선'이라는 숨겨진 전제를 첨가할 때 정당하다는 것이다. 다만 문제는 '전제가 사실인가' 하는 점이다. W. K. Frankena, "The Naturalistic Fallacy," *Theories of Ethics* (Oxford University Press, 1967), p. 54.

57) 현대 자연주의 입장에는 페리나 샤프처럼 인간의 심리적 혹은 사회적 사실로부터 당위를 도출하고자 하는 자연주의 입장과는 달리 행위가 지니고 있는 도덕적 속성을 도덕적 언어의 사용에 대한 언어적 관습에서 찾고자 하는 신자연주의neo-naturalism가 있다. 여기에는 제도적 사실로부터 당위를 도출하고자 하는 설J. R. Searle과 행위의 일반적 특성으로부터 당위를 도출하고자 하는 거워드A. Gewirth와 욕망으로부터 당위를 도출하고자 하는 푸트P. Foot가 있다. 김상배(1990), 「현대윤리학에서의 존재와 당위의 문제」, 서울대학교대학원 박사학위논문, pp. 7-9.

58) 김태길, 앞의 책, p. 194.

59) 위의 책, p. 194.

60) K. Frankena, *Ethics*, 황경식 역(1989), 『윤리학』, 종로서적, p. 172.

61) 위의 책, p. 173.

62) J. Dewey, *The Quest for Certainty* (London: Unwin Brothers Press,1930), pp. 246-59.

63) J. Dewey, Logic, *the Theory of Inquiry* (New York: Henry Holt and Company Inc., 1938), pp. 164-74.

64) 김태길, 앞의 책. pp. 266-9. 비트겐슈타인의 영향을 받은 후기 분석 윤리학자들은 가치 용어나 가치 진술에 대한 의미 분석을 시도하는 대신에 이들의 용법이나 목적에 대해 묻는다. 비트겐슈타인이 보여 주었듯이, 언어는 여러 목적을 가지고 있다. 따라서 의미 있는 모든 진술은 기술적인 것이어야 한다는 기존의 방식은 잘못된 것이다. 그러므로 '그것의 의미는 무엇인가' 라고 질문하는 것은 잘못이며, 오히려 의미를 묻기보다는 용법이나 목적을 물어야 한다. R. Lawler, *Philosophical Analysis and*

Ethics, Horizon in Philosophy, 1968. pp. 46-7.

65) Ibid. p.46.

66) S. E. Toulmin, *An Examination of The Place of Reason in Ethics*, Cambridge University Press, 1970, p. 83을 인용한 W. S. Sahakian, 송휘칠 외(역), 앞의 책, p. 393.

67) 위의 책, pp. 391-2.

68) 이러한 툴민의 주장에 대하여, 사키안즈는 툴민의 주장은 단지 정의주의와 공리주의를 빈약하게 결합시키고 있다고 비판한다. 즉, 행동의 올바름을 공리적 가치로 귀속시키고 있다는 것이다. W. S. Sahakian, 송휘칠, 황경식(역), 앞의 책, p. 397.

69) 김태훈(1993), 「도덕 교육을 위한 도덕 판단의 정당화에 관한 연구」, 서울대학교박사학위논문, pp. 47-51.

70) G. C. Kerner, op. cit., p. 97.

71) G. C. Kerner, op. cit., p. 99.

72) Ibid, p. 101.

73) Ibid, p. 98.

74) Toulmin, op. cit., p. 83.

75) 김태길, 앞의 책, p. 280. 헤어는 이러한 툴민의 논리를 부정한다. 이러한 논리의 가장 큰 오류는 행위의 추리에 있어서 도덕의 본질적 요소, 즉 결단decision을 간과했다는 것이다. 명령적 요소를 포함하지 않은 어떤 전제로부터 행위를 규제하고 지도하는 기능을 가진 도덕 판단에 도달하는 것은 결단 없이는 어떤 형식의 추론으로도 — 그것이 아무리 완화된 추론이라 하더라도 — 불가능하다는 것이다. R. M. Hare, *The Language of Morals* (London: Oxford University Press, 1952), p. 46.

75) S. E. Toulmim, op. cit, p. 131.

76) K. Baier, *The Moral Point of View* (New York: Random House, 1965), pp. 183-204.

78) Ibid, p. 202.

79) M. Singer, *Generalization in Ethics*, Eyre and Spottiswoode, 1963. p. 60.

80) Ibid, p. 34.

81) Ibid, pp. 41-3.

82) 정의주의에 관한 또 다른 분석적 비판은 헤어를 중심으로 하는 규정주의 priscriptivism적 입장이다. 규정주의자로는 헤어, 노웰-스미스P. H. Nowell-Smith, 메이요B. Mayo, 몬테피오레A. Montefiore 하트랜드-스완 J. Hartland-Swan 등이 있다. *Encyclopedia of Philosophy*, Macmillan and Free Press, Vol. 3, 1975, p. 112. 이들은 신자연주의자들이 사실로부터 당위를 연역해 내는 논리를 기술주의적 오류descriptive fallacy를 범하고 있다고 주장한다. 즉, 기술주의자가 발견했다고 생각하는 가치와 사실의 논리적인 연관성은 실제로는 단지 어떤 생활 방식의 원리를 은연중에 가정한 결과일 뿐이라는 것이다. P. W. Taylor, *Principle of Ethics*, 김영진 역(1985),『윤리학의 기본 원리』, 서광사, p. 269.

83) 김태길, 앞의 책, p. 276.

84) 김영진(역), 앞의 책, pp. 261-2.

85) 위의 책, pp. 260-1.

86) 가치 판단의 참과 거짓을 밝힐 수 있느냐 없느냐에 따라 인식주의와 비인식주의 두 유형으로 대별된다. 인식주의 유형에는 직관주의와 자연주의가 속하며, 비인식주의 유형에는 주로 정의주의가 속한다.

87) G. E. Kerner, op. cit., p. 100.

88) 김영진(역), 앞의 책, pp. 262-5.

89) 위의 책, p. 266.

90) R. M. Hare, op. cit., pp. 46-55.

91) G. E. Kerner, op. cit,. p. 176.

92) R. M. Hare, op. cit., p. 17-30.

93) 정선심 외 (역), 앞의 책, pp. 39-40.

III. 가치 분석의 전략

1) L. E. Metcalf (ed), op. cit., pp. 29-74. 정선심, 조성민 역 (1992), 앞의 책, pp. 53-107.

2) 가치 원리와 가치 준거는 다르다. 가치 준거는 가치 결정을 내리는 과정에 개입되는 것이고, 가치 원리는 가치 결정의 결과로서 나타난다. 가치 결정이 내려지고 그것에 대한 이유가 주어진 후에 우리는 어떤 가치 원리가 그 판단에 함축되어 있다는 것을 알게 된다. 가치 판단에는 여러 개의 다양하고 상충되는 준거들이 작용하고 있지만 가치 판단에는 단 하나의 가치 원리만이 함축되어 있다.

3) 가치문제에 사용된 용어를 '명료화하기'는 일반적으로 논의의 시작 단계에서 실시하는데, 여기에는 논란의 여지가 있을 수 있다. 언제나 논의의 시작 단계에서 명료화 작업을 한다면 학생들이 용어 정의의 명료화 필요성을 느껴 볼 수 없어서 명료화 작업을 무의미한 사고 활동으로 간주할 수도 있다.

4) Richard H. Hersh et. al., *Models of Moral Education* (N.Y: Longman Inc., 1980), p. 104.

5) L. E. Metcalf (ed), op. cit., pp. 33-4.

6) 정선심 외 (역), p. 62.

7) Richard H. Hersh, op. cit., pp. 104-5.

8) Ibid., p. 105.

9) L. E. Metcalf (ed), op. cit., p. 42.

10) Ibid., pp. 44-5.

11) Richard H. Hersh, op. cit., p. 105.

12) L. E. Metcalf, op. cit., p. 45.

13) Ibid., p. 46.

14) Ibid., p. 48.

15) Ibid., pp. 49-50.

16) R. M. Hare, *Freedom and Reason* (London: Oxford University Press, 1963), pp. 92-4.

17) Ibid., p. 92.

18) 정선심, 조성민(역), 앞의 책, p. 84.

19) J. R. Coombs, "Attainments of the Morally Educated Person," D. B. Cochrane(ed), op. cit., p. 32.

20) Ibid., p. 33.

21) Ibid., p. 34.

22) Ibid., pp. 36-8.

23) Ibid., p. 38-40.

24) 포섭 검사와 관련하여, 콜버그L. Kohlberg의 도덕 발달 단계 이론을 적용할 수 있다. 콜버그는 피아제가 도덕성을 타율적 도덕성과 자율적 도덕성으로 양분한 것은 도덕성 발달을 지나치게 단순하게 본 것이라고 생각하고, 피아제가 주로 어린이를 연구 대상으로 한 것에서 성인까지 그 대상을 확대하여 도덕성 발달을 3수준 6단계로 제시하였다. 그는 가설적인 도덕적 딜레마를 제시하고 그 상황에서 자신은 어떻게 행위하고, 그 이유는 무엇인가를 묻는 형식으로 도덕성 발달을 측정하였다. 먼저, 인습 이전의 수준으로서 제1단계인 벌과 복종에 의한 도덕성, 제2단계인 도구적 상대론자의 도덕성이 있고, 그리고 인습의 수준으로서, 제3단계인 개인 간의 조화의 도덕성, 제4단계인 사회질서 유지의 도덕성이 있고, 인습 이후의 수준으로는 제5단계인 사회 계약의 도덕성, 제6단계인 보편 윤리적 원리의 도덕성이 있다.

25) Ibid., pp. 43-4.

26) 가치 분석의 6가지 과제에서 각 과제에 대한 노력의 양과 종류, 과제 수행의 순서, 교사의 참여 범위와 종류 등은 일정하게 정해져 있는 것이 아

니라 상황에 따라 달리할 수 있다. 그러나 이 책에서는 일반적인 가치 판단의 결정과 관련하여, 평가 대상에 대한 사실 정보를 바탕으로 잠정적 가치 판단을 내리고, 그 잠정적 가치 판단 안에 함축되어 있는 가치 원리를 드러내는 가치 원리의 수용성 검사를 거친 후에 최종 가치 판단을 내리는 과정에 기초하는 가치 분석 교수 학습 전략을 구안하였다.

27) 위의 책, pp. 102-4. 참조.

28) L. E. Metcalf (ed), op. cit., pp. 76-119. 정선심, 조성민(역), 앞의 책, pp. 116-59.

29) L. E. Metcalf (ed), op. cit., pp. 120-66, 정선심, 조성민 (역), 앞의 책, pp. 161-214.

연구 문제

제1부

1. 오늘날 합리적인 가치 판단 능력이 요구되는 이유는 무엇인가?

2. 가치 판단이 정당하려면 어떠한 조건이 요구되는가?

제11부

1. 논리적 추론

1. 개념론

1. 개념의 정의와 그것의 형성 과정을 설명하시오.

2. 개념의 내포적 정의와 외연적 정의를 설명하시오.

3. 동물이라는 개념의 내포와 외연을 기술하시오.

4. 하나의 개념에 대해 정의가 달라지는 이유는 무엇인가?

5. 다음을 정의하시오

(1) 독서 :
(2) 집배원 :
(3) 정삼각형 :

6. 다음 개념들은 어떤 개념인지 알아보자

(1) 생물, 동물, 식물

(2) 개, 돼지, 말

(3) 여성, 음악가

(4) 밝음, 어두움

(5) 참, 거짓

2. 판단론

7. 다음에서 판단(명제)의 형식을 갖춘 것은?

① 그 사람은 학생입니까?

② 그 사람이야말로 믿을 만하지요.

③ 돌격, 앞으로!

④ 인간은 죽는 존재이다.

⑤ 우리 서로 사랑하자.

8. 다음 문장을 명제 형식으로 바꾸시오.

(1) 모든 사람은 죽는다.

(2) 노동자들이 어제 시청 앞에서 시위를 하였다.

(3) 정직하게 살지 않으면 다른 사람으로부터 신뢰를 받지 못한다.

(4) 성인만이 이 영화를 관람할 수 있다.

9. 다음에서 정언 판단, 가언 판단, 선언 판단을 가려 보자.

(1) 어떤 사람은 학생이다.

(2) 그 사람은 남자이거나 여자이다.

(3) 눈이 오면 기온이 떨어진다.

10. 정언 판단(정언 명제)의 옳고 그름을 판단하는 기준은 무엇인가?

(1) 전칭 긍정 판단:

(2) 전칭 부정 판단:

(3) 특칭 긍정 판단:

(4) 특칭 부정 판단:

11. 선언 판단(선언 명제)의 옳고 그름을 판단하는 기준은 무엇인가?

12. 조건 판단(조건 명제)의 옳고 그름을 판단하는 기준은 무엇인가?

13. 다음 진술이 인지, 가치 판단인지 구별하시오.

(1) 모든 인간은 동물이다.

(2) 언어는 우리의 생각을 표현하는 도구이다.

(3) 우리는 모두 질서를 지켜야 한다.

(4) 철수의 행동은 바람직하다.

(5) 눈은 기온을 떨어뜨린다.

(6) 누구나 남의 의견을 존중해야 한다.

(7) 너는 거짓말을 해서는 안 된다.

(8) 물은 위에서 아래로 흐른다.

3. 추론

14. 추론이란 무엇인가?

15. 직접 추론(대당 관계)

(1) '어떤 사람은 과학자이다'가 참이면, '어떤 사람은 과학자가 아니다'는 참인가 거짓인가?

(2) '모든 과학자는 천재가 아니다'가 거짓이면, '어떤 과학자도 천재가 아니다'는 참인가 거짓인가?

16. 명제 변형에 의한 직접 추론

(1) '경주는 신라의 옛 서울이다'를 환위법을 이용하여 명제를 바꾸시오.

(2) '모든 식물은 생물이다'를 환질법을 이용하여 명제를 고치시오.

(3) '정의로운 사회는 법을 준수하는 사회이다'라는 명제를 이환법(대우)을 이용하여 바꾸어 보시오.

17. 간접 추론: 생략된 전제를 보충하여 삼단 논법으로 기술하시오.

(1) 고양이는 죽는다. 왜냐하면 모든 동물은 죽기 때문이다.

(2) 어떤 신도 관찰이 불가능하다. 왜냐하면 신은 눈으로 볼 수 없기 때문이다.

(3) 사람은 무서운 것을 보면 두려움을 느낀다. 그러므로 나도 두

렵다.

2. 평가적 추론

1. 평가적 추론의 이론적 기초

(평가적 추론의 이해)

1. 서술적 명제에서와 같이 규범적 명제에서도 진위의 구별이 가능한가?

2. 가치 판단의 진위를 구별하기 위해 무엇이 필요한가?

3. 논리 실증주의자들에 의하면 의미 있는 명제란 어떤 명제인가?

4. 평가적 추론이란 무엇인가?

(직관주의와 가치 판단)

5. 직관주의자들이 보는 가치의 관점은?

6. 직관주의에서는 가치와 사실 간의 관계를 어떻게 파악하는가?

7. 자연론적 오류를 설명하시오.

8. 직관주의적 관점에서 가치 교육은 가능할까?

(정의주의와 가치 판단)

9. 정의주의에서는 가치와 사실 간의 관계를 어떠한 관계로 파악하는가?

10. 도덕적 명제와 관련하여, 정의주의자들의 공헌은 무엇인가?

11. 도덕적 언사와 관련하여, 스티븐슨의 주장을 설명하시오.

12. '설득적 정의'를 설명하시오.

(자연주의와 가치 판단)

13. 자연주의 윤리 이론에서는 가치와 사실 간의 관계를 어떻게 파악하고 있는가?

14. 자연주의자들이 가치 판단과 관련하여 간과한 점은 무엇인가?

15. 자연주의적 관점에서 가치 교육은 어떤 형태로 이루어질 수 있을까?

(정당 근거론과 가치 판단)

16. 정당 근거론에서는 가치와 사실 간의 관계를 어떻게 이해하고 있는가?

17. 툴민이 주장하는 '평가적 추론'을 설명하시오.

18. 베이어와 싱어가 주장하는 정당한 근거의 조건을 말하시오.

19. 헤어가 주장하는 평가적 추론의 구조를 설명하시오.

20. 논리적 추론과 평가적 추론의 차이점을 말하시오.

21. 정당 근거론자들이 주장하는 평가적 추론을 받아들인다면 가치 교육은 어떤 형태로 이루어져야 하는가?

2. 평가적 추론의 특성

(평가와 기술)

22. 평가와 기술의 차이점을 말하시오.

23. 평가와 관련된 진술의 예를 몇 개 들어보시오.

24. 기술과 관련된 진술의 예를 몇 개 들어보시오.

25. 평가는 '평가 대상' 과 '평가 용어' 의 두 부분으로 나눌 수 있다. 위에서 자신이 든 예들을 둘로 구분해 보시오.

26. 기술은 '평가 대상' 과 '특성' 의 두 부분으로 나눌 수 있다. 위에서 자신이 든 예들을 둘로 구분해 보시오.

(준거)

27. 준거의 세 가지 요소를 말하시오.

28. 평가, 기술, 준거를 해당 칸에 적어 넣으시오.

(1) _____ 한국 자동차는 견고하다.

   _____ 견고하게 만든 자동차는 좋다.

   _____ 한국 자동차는 좋다.

(2) _____ EQ를 높이는 것은 좋다.

   _____ 대화는 EQ를 높이는 데 효과적이다.

   _____ 대화는 의사소통의 수단이다.

29. 준거를 몇 개 기술하고, 각 요소별로 구분하시오.

30. 평가, 기술, 준거를 몇 개 완성해 보시오.

(비교 종류의 이해)

31. 평가 대상과 비교 종류를 구별하시오.

32. 평가 대상과 비교 종류의 예를 몇 가지 들어 보시오.

(준거와 원리)

33. 준거와 원리의 차이점은 무엇인가?

(삼단 논법 완성)

34. 논리적 추론의 삼단 논법과 평가적 추론의 가치 판단 과정을 비교하시오.

35. 다음의 삼단 논법을 완성하시오.
　① 모든 사람은 죽는다.
　② _________________ .
　③ 그러므로, 소크라테스는 죽는다.

36. 삼단 논법은 세 부분으로 구성되어 있고, 그 세 부분은 평가적 추론의 세 부분과 일치한다.
　"모든 사람은 죽는다"는 진술은
　삼단 논법의 ① _____ 이고, 평가적 추론의 ② _____ 이다.
　"소크라테스는 사람이다"는
　삼단 논법의 ③ _____ 이고, 평가적 추론의 ④ _____ 이다.
　"그러므로, 소크라테스는 죽는다"는
　삼단 논법의 ⑤ _____ 이고, 평가적 추론의 ⑥ _____ 이다.

37. 어떤 사물에 대해 평가할 때, 그 평가가 정당한 평가가 되려면 평가를 뒷받침할 _____ 와 _____ 이 필요하다.

38. 다음의 평가적 추론을 삼단 논법으로 기술하시오.

(1) 은영이는 좋다. 왜냐하면 은영이는 얼굴이 예쁘고 공부를 잘하기 때문이다.
(2) 청소년 흡연은 좋지 않다. 그것은 건강을 해치는 것이기 때문

이다.

(3) 자원 봉사 활동은 좋다고 생각해. 왜냐하면 그것은 어려움에 처한 많은 사람을 도울 수 있으니까.

39. 다음의 생략 논법에서 생략된 전제나 결론을 보충해 보시오.[1]

(1) 약물 남용은 옳지 않다. 그것은 건강을 해치는 것이다.

(2) 동성동본 금혼 제도는 인권을 침해한다. 그러니까 그것은 철폐해야 한다.

(3) 인간이 신의 영역을 침범해서는 안 되기 때문에 동물 복제는 해서는 안 된다.

(4) 능력 있는 자만이 미인을 아내로 맞이할 수 있다. 그런데 나는 미인을 아내로 맞이할 수 있다.

(5) 미국이 우리나라의 소비 절약 운동을 비난하는 것은 옳지 않다. 그것은 다른 나라의 주권을 침해하는 행위이다.

40. 다음의 주장을 평가적 추론의 형식(가치 판단의 논리)으로 나타내시오.[2]

(1) ‘북한 동포를 돕기 위한 모금 행사’에 대한 자신의 주장과 근거를 쓰시오

가치 원리(근거):

사실(근거):

---

1) 이 부분은 필자가 대전 지역 중 고등학교 교사들을 대상으로 일반 연수(김재식(1998), 『인성교육과 토론 논술교육』, 대전지역사회교육협의회, p. 130)를 한 내용으로서, 그 교육 내용은 조성민 교수께서 집필한 것임을 밝힙니다.

2) 위의 책, pp. 158-9.

가치 판단:

(2) '차량 10부제 운행'에 대해 자신의 주장과 근거를 쓰시오.

가치 원리(근거):

사실(근거):

가치 판단:

(3) '아파트에서 애완용 개를 기르는 문제'에 대한 자신의 주장
을 말하시오.

가치 원리(근거):

사실(근거):

가치 판단:

제Ⅲ부

1. 가치 분석의 교수 전략

1. 가치 분석의 6가지 과제는 무엇인가?

2. 가치 원리의 수용성 검사 4가지를 말하고, 다음 지문은 어떤 원리 수용성 검사가 필요한지 말하시오.[3]

(1) 김부장: 이과장, 비 오는 날 밤에 폐수를 하천에다 방류해 버립시다. 정화 처리 시설을 가동하지 않으면 그만큼 원가 절감을 할 수 있으니까 말이요.

이과장: 누가 보기라도 하면 어떻게 하려고요.

박과장: 누가 보든 말든 그런 식으로 일을 처리하면 안 돼요. 하천이나 바다가 오염되어 문제가 심각하지 않습니까?

김부장: 뭐 한 번쯤 그렇게 한다고 하천이나 바다가 얼마나 오염된다고 그러십니까?

박과장: 우리처럼 다른 회사들도 다 그렇게 한다고 생각해 봐요.

---

3) 2와 3은 위의 책, pp. 150-9.

문제가 심각해지지 않겠습니까?

(   )

(2) 황과장: 장씨는 참 좋은 사람이야.

　송과장: 어떤 점에서 좋아?

　황과장: 그 사람은 의리를 지키는 사람이거든?

　송과장: 의리를 지키는 사람이라고 다 좋은 사람인가? 국법을 파
　　　　　괴하는 깡패 집단의 두목에게 의리를 지키는 부하도 좋은
　　　　　사람이라고 말할 수 있습니까?

(   )

(3) 남편: 여보, 나 용돈이 다 떨어졌는데 용돈 좀 주구려.

　아내: 아니 용돈 드린 지 얼마 안 됐는데, 벌써 다 떨어졌어요? 노
　　　　씨는 몇 천억이나 되는 비자금을 잘도 챙기는데 당신은 능
　　　　력도 없어요?

　남편: 아니 나더러 뇌물을 받아 챙기란 말이야.

　아내: 다른 사람들은 잘도 해먹는데 당신은 왜 못해요. 남들은 생
　　　　활비에 쓰라고 조금씩 내놓기도 한다던데.

　남편: 회사의 윤리 규범에 어긋나는 짓을 해도 된다는 말이요?

(   )

(4) 송진: 사람을 죽이는 행위인 인공 임신 중절(낙태)은 옳지 않아.

　수정: 그렇다면 강간으로 인한 임신인 경우에도 낙태는 옳지 않기
　　　　때문에 하지 말아야겠네.

(   )

(5) 박실장: A경쟁사는 최근 히트 상품을 내놓을 예정인데, 우리는 아
　　　　　무런 진전이 없어서 걱정이야.

　김과장: 아이디어가 하나 있는데요.

　박실장: 무슨 좋은 생각이라도 있어요?

김과장: 예, 친구가 그 회사에 있는데, 그 친구를 통해 신제품에
관한 내용이 들어 있는 복사물을 구해 오면 어떨까요? 친
구는 충분한 보상만 해 주면 할 수 있을 겁니다.

박실장: 김과장이 A사 입장이라면 그래도 된다고 생각해요?

(   )

(6) 정민: 내신 성적이 높아야 대학에 들어가는 데 유리하단 말이야.
내신 성적을 올리기 위해서 커닝은 어쩔 수 없어.

태호: 너희 학교 학생 모두가 커닝을 한다면 어떻게 되겠니?

(   )

(7) 아들: 왜 엄마는 할머니한테 맛있는 반찬도 안 해 드리고 보약도
안 해 드려요?

엄마: 나이가 구십이나 넘었는데, 오래 살아서 뭐하겠니? 빨리 가
시게 하는 게 효도야, 알겠니?

아들: 알았어요. 나중에 제가 엄마한테 그렇게 해도 되겠지요?

엄마: …!

(   )

(8) 수현: 낙태를 하는 것은 옳지 않아.

영주: 왜 옳지 않아? 원치 않은 임신은 중절할 수도 있는 거지.

수현: 그것은 일종의 살인 행위야. 살인을 해서는 안 돼.

(   )

(9) 태영: 국민 연금제는 옳지 않다고 생각해. 왜냐하면 사람들이 열
심히 일하려고 하지 않을 거야.

병진: 만약 자식도 없고 불구인데다 저축해 놓은 돈도 없는 노인
이 너라면 괜찮겠니?

(   )

3. 다음의 글을 읽고 가치 판단의 과정에 따라 답하시오.

아직 우리나라 법에서는 뇌사를 인정하고 있지 않다. 그런데 1988년 서울대 의대 김 교수가 처음 시술한 후, 1992년 3월 18일 인제대학교 의대 백병원 이 교수팀이 뇌사자의 간을 간암 환자에게 이식하는 수술에 성공하였다. 이것이 살인인가 아닌가 논란이 되고 있다. 여기서 뇌사자의 장기 적출이 도덕적으로 옳은가 그른가를 판단하기 바란다. 뇌사란 모든 뇌기능이 완전히 소멸된 상태를 말하며, 호흡이나 심장의 박동은 있으나 인공적인 생명 보조 장치를 이용하더라도 14일을 넘기지 못하고 심장 박동이 멈추게 된다.

(1) 가치 판단의 대상은 무엇인가?
(2) 가치 판단의 관점은 무엇인가?

가치 판단을 내리기 위해 다음과 같은 사실들을 수집하였다.

가. 뇌사 상태의 환자는 14일 이상 살지 못한다.

나. 뇌는 한 번 파괴되면 절대로 재생하지 못한다.

다. 뇌사 상태의 환자는 이미 인간적 생명을 잃은 것이므로 죽음에 이르기까지 무의미하고 처참한 치료 행위로 인해 환자 자신이나 가족에게 심한 고통을 준다.

라. 현재의 의학 수준으로는 뇌사를 확인할 수 있는 기준과 방법이 없다.

마. 우리나라 사람들은 전통적으로 인간의 생명이 심장에 있다고 믿고 있기 때문에 뇌사를 죽음으로 받아들이지 않는다.

바. 뇌사자는 식물인간이므로 언젠가는 다시 소생할 수도 있다.

사. 인공적 보조 장치를 사용하는 데 비용이 엄청나게 비싸기 때문에

환자의 가족들에게 커다란 경제적 부담이 된다.

아. 의료 자원이 한정되어 있기 때문에 뇌사자가 차지하는 병실을 회복이 가능한 환자에게 제공해야 한다.

자. 뇌사자로부터 신선한 장기를 제공받을 수 있어서 많은 생명을 건질 수 있다.

차. 뇌사자는 자신의 장기를 타인에게 주는 것에 동의한 적이 없다.

(3) 가치 주장(평가적 진술)은 제외시켜야 한다. 있다면 어느 것인가?

(4) 거짓인 사실은 제외시켜야 한다. 있다면 어느 것인가?

(5) "뇌사자의 장기를 적출하는 것은 옳다"는 주장을 지지할 수 있는 사실들은?

(6) "뇌사자의 장기를 적출하는 것은 옳지 않다"는 주장을 지지할 수 있는 사실들은?

(7) 이 문제에 대하여 자신의 가치 판단을 내리고 삼단 논법의 형식으로 기술하시오.

(8) 자신이 내린 가치 판단에서 가치 원리를 받아들일 수 있는지를 검사해 보시오.

(9) 최종 가치 판단을 내리시오.

2. 가치 갈등 해결 전략

4. 가치 갈등을 유발할 수 있는 경우를 말하시오.

5. 다음 두 사람은 어떤 점에서 가치 갈등을 유발하였는지 말하시오.

철수의 입장	영희의 입장
"『즐거운 사라』를 출판 금지시키는 것이 옳다고 생각해. 그런 책을 청소년들이 읽게 되면 사회는 불건전하게 되는 거야."	"표현의 자유를 침해하는 『즐거운 사라』의 출판 금지는 철회해야 돼."
가치 판단: 『즐거운 사라』 출판 금지는 옳다	가치 판단: 『즐거운 사라』 출판 금지는 옳지 않다.
사실 근거: ①『즐거운 사라』를 출판 금지시키는 것은 건전한 사회를 유지시키기 위한 조치이다. ②『즐거운 사라』는 청소년 비행을 유발시킨다. ③『즐거운 사라』는 외설이다.	사실 근거: ①『즐거운 사라』를 출판 금지시키는 것은 표현의 자유를 침해하는 조치이다. ②『즐거운 사라』는 청소년 비행을 유발시키지 않는다. ③『즐거운 사라』는 외설이다.
가치 원리: 건전한 사회를 유지시키기 위한 조치는 옳다.	가치 원리: 표현의 자유를 침해하는 조치는 옳지 않다.

6. 다음 토론은 어디에 의견 차이가 있는지 말하시오.

철수: 사형 제도는 폐지되어야 해. 인간이 인간을 어떻게 처형하니?

석호: 하지만 사형 제도를 폐지하면 범죄가 더 많아지고 흉악범이 기승을 부릴 거야. 사형 제도를 폐지해서는 안 돼.

철수: 규범의 발생 빈도가 사형 제도의 존폐 여부에 달려 있는 것은 아니라고 생각해. 범죄를 줄이기 위해서 인간의 생명을 박탈하는 것은 옳지 않아. 인간의 생명은 신성한 것이기 때문에 누구도 인간의 생명권을 침해할 수는 없어.

석호: 그렇지만 사람을 참혹하게 죽인 사람을 사형시키지 않는다면 어떻게 사회 질서가 유지될 수 있겠니?

철수: 인간의 권리를 존중하는 대부분의 선진국에서는 사형 제도
　　　를 폐지하고 있어. 따라서 우리나라도 이젠 그것을 폐지해
　　　야 한다고 봐.

석호: 우리 사회는 각종 범죄로 국민들이 편안한 마음으로 살 수
　　　가 없어. 범법자는 엄하게 다스려야 돼.

7. 임신 중절에 관한 자신의 입장(주장)을 정하고, 그 이유를 말하시오

정 답

제I부

1. 생략(본문 참조)
2. 생략(본문 참조)

제II부

1. 논리적 추론

1. 개념은 일정한 존재를 지시하는 의미 구성체이며, 추상과 사상 작용
   을 통해 형성된다.
2. 내포: 개념이 가지는 속성의 전부. 외연: 내포가 적용되는 범위
3. • 동물의 내포: '동물은 ~이다'의 형식으로서, 동물은 생명이 있다,
     동물은 운동을 한다, 동물은 감각을 가지고 있다 등.
   • 동물의 외연: '~은 동물이다'의 형식으로서, 사람은 동물이다, 말
     은 동물이다, 돼지는 동물이다 등.
4. 내포가 다름(다양한 내포), 내포가 고정되어 있지 않다.

5. (1) 독서는 책을 읽는 행위이다.

(2) 집배원은 우편물을 수집하고 배달하는 사람이다.

(3) 정삼각형은 세 변의 길이가 같은 삼각형이다.

6. (1) 생물: 유개념; 동물, 식물: 종개념

(2) 동위 개념(동물이란 유개념에 포섭됨)

(3) 교착 개념

(4) 반대 개념

(5) 모순 개념

7. ④

8. (1) 모든 사람은 죽는 존재이다

(2) 어떤 노동자들은 어제 시청 앞에서 시위를 한 사람들이다.

(3) 정직하게 살지 않은 모든 사람은 다른 사람으로부터 신뢰를 받지 못하는 사람이다

(4) 이 영화를 관람한 모든 사람은 성인이다.

9. (1) 정언 판단

(2) 선언 판단

(3) 가언 판단

10. (1) 전칭 긍정 판단은 주개념은 주연되고, 빈개념은 부주연되어야 한다.

(2) 전칭 부정 판단은 주개념은 주연되고, 빈개념도 주연되어야 한다.

(3) 특칭 긍정 판단은 주개념은 부주연되고, 빈개념은 부주연되어야 한다.

(4) 특칭 부정 판단은 주개념은 부주연되고, 빈개념은 주연되어야 한다.

11. 선언 판단이 참이려면 두 선언지 중 하나라도 참이어야 한다. 선언지 모두가 거짓일 때에만 거짓이다.

12. 조건 판단은 전건과 후건의 관계가 필연적인가 여부에 따라 판단의
    옳고 그름이 결정된다.

13. (1)

    (2)

    (3) 가치 판단

    (4) 가치 판단

    (5)

    (6) 가치 판단

    (7) 가치 판단

    (8)

14. 추리는 주어진 판단(이미 알고 있는 판단)으로부터 새로운 판단을 이
    끌어 내는 정신적 사고 절차이다.

15. (1) 거짓

    (2) 거짓

16. (1) 신라의 옛 서울은 경주이다

    (2) 모든 식물은 생물이 아니다

    (3) 법을 준수하지 않는 사회는 정의로운 사회가 아니다

17. (1) 모든 동물은 죽는다.

    고양이는 동물이다.

    그러므로 고양이는 죽는다.

    (2) 관찰 가능한 것은 눈으로 볼 수 있다.

    신은 눈으로 볼 수 없다.

    그러므로 신은 관찰이 불가능하다.

    (3) 사람은 무서운 것을 보면 두려움을 느낀다.

    나도 사람이다.

    그러므로 나도 두렵다.

2. 평가적 추론

1. 서술적 명제의 진위를 검증하는 방법은 크게 세 가지가 있다. 첫째는 검증할 판단이 관찰 진술일 때에는 그 진술에 포함되어 있는 조건이 존재하는지를 알아내기 위해 관찰하는 것이다. 둘째는 참인 다른 들로부터 어떤 을 연역함으로써 검증한다. 어떤 판단이 전제가 참인 명제로부터 연역되었다는 것을 보여 주는 것이다. 셋째는 일반화를 검증할 때 이용하는 것으로서, 먼저 어떤 관찰 가능한 조건에 관한 진술을 이미 알려진 다른 사실들과 일반화로부터 연역하고, 그런 다음 그 예측한 조건이 존재하는지를 결정하는 관찰을 한다. 이때 예측한 조건이 존재하면 그 일반화는 참이라는 증거를 제공하는 셈이 되고, 예측한 조건이 없으면 그 일반화는 거짓이 된다. 그러나 가치 판단의 경우에는 위의 세 가지 방법으로 검증하기는 어렵다. 즉, 가치 판단의 경우에는 관찰 가능한 방법으로 검증하기가 불가능하다는 것이다. 예를 들어, '저것은 좋은 차동차이다' 라는 가치 판단의 경우를 생각해 보자. 우리는 이러한 판단에 어떤 조건이 존재하는지를 알아보기 위해 색깔, 모양, 속도, 연비 등을 관찰할 수 있다. 그렇지만 우리가 보지 못하는 것은 그 차의 '좋음' 이다. 물론 위에서 관찰한 여러 가지 차에 대한 정보를 토대로 차가 좋다는 것을 판단할 수는 있지만, 그 차의 '좋음' 은 관찰하지 못한다. 만일 그 차에 대한 '좋음' 을 관찰할 수 있다면, 사람마다 그 차에 대한 평가가 다르지 않을 것이다. 사실, 차에 대한 사실적 정보를 두 사람이 똑같이 공유했다 하더라도 서로 다른 평가가 가능하다. 즉, 두 사람은 동일한 차에 대해 동일한 정보를 가지고 있다 하더라도 한 사람은 '그 차는 좋다' 라고 판단을 내리는 반면에, 다른 한 사람은 '그 차는 좋지 않다' 라는 판단을 내릴 수 있다. 이것이 사실적 명제의 논리적 추론과 규범적 명제의 평가적 추

론의 다른 특성이다.

2. 도덕적 명제를 다루는 가치 판단의 진위를 밝힌다는 것은 매우 어렵다. 왜냐하면 가치 판단은 서술적 명제를 다루는 논리적 추론과는 달리, 경험적으로 검증하기가 매우 어렵기 때문이다. 따라서 가치 판단의 진위를 규명하려면 도덕적 혹은 규범적 평가에 대한 명확한 기준이 확립되어야 한다. 다시 말해, 가치 판단의 진위를 가릴 수 있는 분명한 표준이 필요하다.

3. 논리 실증주의자들에 의하면, '의미 있는' 명제는 첫째, 분석 명제이어야 한다. 분석 명제는 개념을 정의하는 명제로서, '총각은 미혼 남성이다'와 같은 동어반복이다. 논리학이나 수학의 명제가 이에 해당한다. 둘째, 명제가 경험적으로 검증 가능해야 한다. 자연 과학적 명제는 경험적으로 검증이 가능하나, 도덕적 혹은 규범적 명제는 경험적으로 검증하기가 매우 어렵다. 이러한 연유로 논리 실증주의적 관점에서 규범적 명제는 의미 있는 명제가 되기 어렵다. 따라서 논리 실증주의자들은 규범적 명제를 다루는 윤리학은 학으로서 성립이 불가능하다고 주장한다.

4. 논리 실증주의의 영향을 받은 정의주의 윤리학자들은 학으로서 윤리학의 성립을 부정한다. 이들의 주된 근거는, 가치 판단은 어떠한 사실적 요소도 함의하고 있지 못하다는 것이다. 따라서 사실로부터 가치를 이끌어 낼 수 없다고 주장한다. 그러나 정당 근거론자들에 의하면, 가치 판단은 사실적 근거를 토대로 도출할 수 있다. 다시 말해, 가치 판단에 대한 정당한 사실 근거를 제시함으로써 가치 판단의 객관적 인식이 가능하다고 본다. 그리고 이처럼 사실적 근거로부터 가치 판단을 도출할 수 있는 추론을 평가적 추론이라 한다.

5. 직관주의자들은 가치 실재론에 바탕을 두고 있다. 이들의 공통된 주장은 선이나 옳음을 '보는 것'의 문제로 간주하고, 선과 당위와 같은

용어는 관찰할 수 있는 속성이나 관계로 나타낼 수 없다는 것이다. 그러므로 가치 판단은 경험적 유형으로부터 추론할 수 없다. 그리고 도덕적 지식의 근거를 의심할 여지가 없거나 자명한 명제로부터 구한다. 이것은 수학적 지식과 같은 자명한 '공리'에 바탕을 두고 도덕적 지식의 근거를 찾으려는 시도로서 도덕적 지식도 수학적 지식과 같은 구조를 가져야 한다는 것이다. 수학적 지식, 특히 기하학에서 직관에 의해서 자명한 것으로 판명된 '공리'처럼 도덕적 지식 역시 '자명함'을 갖추기 위해서는 직관에 의해서 판명된 것이어야만 한다. 따라서 도덕적 지식에도 수학에서의 '공리'처럼 직관적으로 자명한 '행위의 법칙'이나 '인간의 권리'가 있다고 본다.

6. 가치는 형이상학적 세계에 속하므로 경험적으로 파악하는 것은 불가능하며, 오직 직관에 의해서만 파악할 수 있다. 이러한 직관주의자들의 견해는 가치가 경험 안에서 파악할 수 있는 성질의 것이 아니라 초경험적인 성질임을 나타낸다. 가치의 세계를 비자연적인 성질로 이해하였기 때문에 가치는 시간과 공간의 제약은 물론 인간의 주관적인 감정이나 의지 같은 제약으로부터도 벗어나 있다. 이러한 그들의 주장은 가치가 객관적으로 존재하고 있음을 의미한다. 따라서 가치는 직관적으로 인식할 수밖에 없으며, 어떠한 경험적 사실로부터 가치를 이끌어 낸다는 것은 불가능한 것이다.

7. '사실'과 '존재'의 영역은 '가치'와 '당위'와는 다른 영역이다. 따라서 전자로부터 후자를 추리할 수 없다. 그럼에도 불구하고, 사실에 근거하여 가치를 판단하는 논리적 오류를 자연론적 오류라 한다. 즉, 자연론적 오류는 가치어를 비가치어로써 정의하거나 혹은 가치 판단을 으로 환원하려는 시도 안에 깃든 논리적 난점을 지적한 것이다. 자연론적 오류는 정의주의적 오류와 연역적 오류로 나뉜다. 정의주의적 오류는 가치 술어의 의미를 순수한 사실적 용어로 완전히 분석

또는 환원할 수 있다는 명제이고, 연역적 오류는 일련의 사실로부터 가치 판단을 연역할 수 있거나 혹은 존재로부터 당위를 도출할 수 있다는 명제이다.

8. 직관주의적 관점에서, 가치와 사실은 관련성이 없다. 왜냐하면 가치 결정은 개인의 직관에 의존하기 때문이다. 따라서 가치 판단의 문제는 경험적 사실과 무관하므로 개인의 자의적인 판단이나 선호의 문제가 될 가능성이 많다. 여기에서의 가치 교육은 평가 대상에 관한 사실 탐구 과정이 생략되므로, 가치 판단의 진위를 가릴 만한 직관을 소유한 인격 형성에 관심을 기울일 수밖에 없다.

9. 정의주의는 가치와 사실의 논리적 무관성을 주장한다. 정의주의는 논리 실증주의의 분석적 방법론을 윤리학 내지 가치론에 적용함으로써 생긴 메타-학설로, 이 학설에 의하면 가치 진술은 진위가 밝혀질 수 없는 것이라는 입장에서 하나의 학學으로서 윤리학의 성립을 부정한다. 정의주의자들에 의하면, 가치 판단은 검증 가능성을 지니지 못하며, 경험계의 현상을 기술하는 바가 없고, 다만 감정을 표명하거나 주의를 환기시키는 발언에 불과하다. 도덕적이거나 명령의 의미를 지닌 언사의 기능은 청취자의 감정 혹은 행동에 정의적 영향을 주는 것에 불과하며, 여기에는 어떠한 경험적 요소도 내포되어 있지 않다. 따라서 도덕적 명제는 경험적 명제로 환원할 수 없다. 그러므로 정의주의의 관점에서 보면, 도덕적 명제는 분석될 수 없으며, 가치 진술은 진위를 가릴 수 없는 명제이고, 가치 판단은 단순히 감정의 표현에 지나지 않는다. 따라서 가치 판단은 인지적 요소를 포함하고 있지 않으므로 도덕적 지식의 영역에서는 다룰 수 없게 된다.

10. 정의주의자들의 공헌은 가치 판단에 정의적 요소, 즉 권장과 비난의 기능이 있다는 것을 발견한 점이다.

11. 스티븐슨은 인식주의를 부정한다. 그러나 그는 도덕적 언사가 정의

적 특성으로 규정된다 하더라도 이에 대한 심리적 과정을 면밀히 분석한다면, 정의적 특성에서 인지적 특성을 발견할 수 있다고 주장한다. 이처럼 그는 도덕적 언사에 정의적 의미만이 있는 것이 아니라, 서술적 의미도 있음을 암시함으로써 정의주의를 완화한다.

12. 스티븐슨은 의견 불일치에 대한 해소 방법을 두 가지 측면에서 제시하면서 설득적 정의를 주장한다. 먼저, '소견의 불일치'로 인한 의견의 충돌은 합리적인 방법에 의해 해결이 가능하다. 즉, 소견의 불일치로 인한 충돌은 평가 대상에 대한 과학적이고 합리적인 방법으로 해결이 가능하다는 것이다. 그러나 문제는 '태도의 불일치'에 있다. 태도의 불일치는 합리적 방법으로 해결하기 어렵다. 왜냐하면 같은 사실을 알고 있다 하더라도 각자의 태도는 달라질 수 있기 때문이다. 이러한 태도의 불일치를 해결하기 위해서는 비합리적 방법이 필요한데, 이것을 폭넓은 의미로 '설득'이라 한다. 따라서 견해의 일치에 도달하고자 한다면, 상대편이 굽힐 때까지 설득을 계속하여 자기의 정의를 정당화해야 하며, 그러한 정의를 '설득적 정의'라고 부른다.

13. 자연주의 윤리 이론은 가치를 인간 외적인 어떤 원리에 의해서 요구되는 것이 아니라 인간의 자연적 속성, 예컨대 쾌락 혹은 욕구 등으로 설명하고, 당위의 근거를 경험적 사실에서 구하려는 이론이다. 여기에서는 가치 실재론을 부인하고, 가치는 대상과 그것에 대한 유정자의 마음가짐과의 관계를 통하여 생기는 경험 안의 사실이라고 본다. 이러한 자연주의의 대표적 학파가 공리주의이다. 이 학파에 의하면, 인간의 행위는 모두 쾌락과 고통이 원인이 되어 이루어진다고 본다. 벤담은 심리학적 명제(사실)로부터 윤리학적 명제(가치)를 이끌어 낸다. 사람의 심리가 쾌락을 좇고, 쾌락을 조장하는 행위를 찬양하는 자연적 경향을 가졌다는 심리학적 명제가 쾌락을 도덕의 근본 원리로 삼는 이론적 근거가 된다고 믿는다. 밀은 공리주의를 이론적으

로 증명하고자 했다. 어떤 사물이 바람직하다는 것을 밝히기 위하여 제시할 수 있는 유일한 증거는 사람들이 실제로 바란다는 사실뿐이며, 사람들이 바라고 있는 것은 각자의 쾌락 또는 고통의 면제이므로 각자의 쾌락(행복)은 자신에게 바람직한 것, 즉 '선'이라는 것이다. 페리는 감정, 욕구, 의견 등의 마음가짐을 묶어서 관심이라 표현하고, 가치를 '모든 관심의 대상'으로 정의하였다. 즉, 가치는 관심이 작용하는 곳에 생기게 마련이며, 관심이 없는 곳에 가치는 없다는 것이다. 따라서 'X는 값지다＝X는 관심을 받고 있다'라는 등식이 성립한다. 듀이 역시 주관을 떠나 가치가 객관적으로 실재한다는 입장에 반대하고, 대상과 인간의 마음가짐이 관계하는 곳에 가치가 발생한다고 주장한다. 가치는 선험적 특질이 아니라 인간의 마음가짐의 산물로서 일정한 조건 하에서 경험을 통해 발생한다는 것이다.

14. 자연론적 오류

15. 자연주의적 관점에서 가치 판단은 으로 환원될 수 있으므로, 가치 판단의 진위를 밝히는 방법도 의 경우와 다르지 않다. 가치 판단의 근거는 직관주의에서처럼 기존의 선험적 가치나 이유가 아닌 도덕적 사고 과정을 통한 사실 근거로 제시된다. 여기에서 도덕적 사고 과정은 평가 대상에 대한 사실 탐구 과정을 의미한다. 이러한 점에서 자연주의적 관점은 가치 탐구 교육에 대한 이론적 기초를 제공한다. 그러나 가치 탐구를 사실 탐구와 동일하게 취급하는 것이 정당한가 하는 문제가 제기될 수 있다. 이것은 곧 사실만을 토대로 가치 판단을 결정할 수 있는가 하는 문제를 제기하는데, 이는 가치 판단의 논리적 정당성에 관한 문제이기도 하다

16. 논리 실증주의의 영향을 받은 정의주의 학파는 분석 철학, 특히 비트켄슈타인의 언어 분석의 영향을 받은 일상 언어 학파와는 입장을 달리한다. 정의주의 학파는 가치 판단을 단지 감정이나 태도의 표명에

불과하거나 혹은 명령이나 자의적인 결단으로 간주하는 반면, 일상 언어 학파는 가치 판단을 내린다는 것이 그 본질상 평가하고, 권유하며, 규정하는 합리적 행위이며, 가치 판단은 합리적으로 정당화되거나 정당화될 수 있다고 주장한다. 일상 언어 분석 철학자들의 이러한 이론을 정당 근거론이라 한다. 여기에 속한 학자로는 툴민, 베이어. 싱어 등이다. 이들은 언어 분석에 관심을 두는 정의주의자들과는 달리, 사실적 근거로부터 가치 판단의 도출 가능성을 인정하는 평가적 추론에 관심을 둔다.

17. 툴민은 가치(도덕) 판단에 관한 진위의 검증 문제는 이것을 지지하는 '정당한 이유와 그렇지 못한 이유'로 구별하여야 한다고 주장한다. 그러므로 윤리학자들이 해야 할 일은 가치 판단과 관련된 도덕 언어에 대한 분석이 아니라 도덕적 추론에 관한 논의이어야 한다는 것이다. 다시 말해, '선'의 정의가 무엇인지 혹은 무엇이 '선'인지에 관한 것이 아니라, 어떤 이유가 도덕 판단을 위해 좋은 이유인가를 문제 삼아야 한다는 것이다. 이러한 관점에서 그는 새로운 접근 방법, 즉 정당 근거론을 제시한다. 즉, 어떤 행위나 도덕 판단을 지지하거나 반대하는 정당한 이유가 있으며, 실제로 도덕적 논의는 이러한 가치 판단을 위한 정당한 이유(사실적 근거)를 찾는 것이다. 이처럼 그는 도덕적 추론에 포함되어 있는 정당한 이유를 통해서 정당화에 접근하려는 방법론을 모색하고, 이러한 추론을 평가적 추론이라 불렀다.

18. 베이어는 가치(도덕) 판단이 정당성을 확보하려면 도덕적 관점을 취해야 한다고 주장한다. 도덕적 관점의 조건은 이기적이지 않고, 원칙에 의거해서 일을 행하며, 자신의 원칙을 보편화할 수 있어야 하며, 가역성의 조건을 만족시켜야 한다. 즉, 이것은 우리가 약속을 한 상대방이 약속을 어겨도 좋다는 생각을 받아들일 수 있다면 약속을 어기는 일이 허용될 수 있음을 의미한다. 또한 싱어에 의하면, 정당한 이

유에 의해 지지되지 않는 도덕적 진술은 진정한 의미에서 도덕 판단이라 할 수 없고, 발언자의 단순한 감정 표현일 따름이라는 것이다. 그러나 가치 판단을 지지하는 정당한 이유를 제시할 수 있다면, 그 판단은 객관적이라고 본다. 그의 도덕적 추론은 '일반화 논증'을 중심으로 전개된다. 일반화 논증은 도덕 원리로부터 연역되며, 도덕 원리는 일반화 원리를 전제하는데, 일반화 원리는 '한 사람에게 옳은 것은 비슷한 처지에 있는 사람에게는 누구에게나 옳다'라는 원리로서 모든 가치 판단에 포함되며 평가적 추론의 핵심적 위치에 있다.

19. 헤어는 가치 판단에 있어서 가치와 사실 간의 관련성을 인정하고, 둘 사이에 가치 원리를 개입시킨다. 이러한 그의 가치 판단 논리는 궁극적으로 가치 원리로부터 가치 판단이 연역되므로, 사실로부터 가치를 연역할 때 범하는 자연론적 오류에서도 벗어난다. 이는 가치 판단이 사실을 토대로 정당화될 수 있다는 가능성을 열어놓음과 동시에 사실만으로 가치 판단이 정당화될 수 없음을 함축하는 것이다.

20. 논리적 추론은 사실적 명제를 다루지만, 평가적 추론은 규범적 명제를 다룬다. 그리고 전자는 가치 판단의 진위에 관심을 두지만, 후자는 가치 판단에 관한 정당한 근거를 문제 삼는다.

21. 가치 교육의 방향은 가치 판단에 대한 도덕적 명제를 분석함으로써 분명해진다. 왜냐하면 가치 판단은 도덕적 명제 형태로 나타나기 때문이다. 따라서 가치 판단의 주어와 술어의 관계를 파악하게 되면 가치 교육의 접근 방식이 드러난다. 즉, '무엇이 좋다, 무엇이 나쁘다'라는 가치 판단에서 '무엇'과 '좋다'나 '나쁘다'에 대한 관계가 어떻게 규정되는가에 따라 가치 교육의 유형은 달라진다. 이에 대해, 직관주의자들은 주어와 술어의 관계를 분석에 의해서가 아니라 직관에 의해 파악할 수 있는 것으로 보았다. 이러한 관점은 가치를 판단하는 데 있어서 관찰이나 분석 혹은 추리의 과정을 배제하는 것이므로 가

치 교육에서 가치 탐구 활동은 무의미하게 된다. 정의주의자들은 이 관계를 평가자의 주관적 감정이나 태도의 관계로 파악한다. 따라서 여기에서도 가치 탐구 활동을 통한 평가적 추론 과정은 무시된다. 그러나 자연주의자들은 가치 판단의 주어와 술어 관계를 경험적 관계로 파악한다. 가치나 당위의 근거를 쾌락이나 욕구에서 구하는 것이다. 자연주의는 가치나 당위의 근거를 선험적 이유가 아닌 경험적 근거에 토대를 두고 사고 과정을 통해 획득하는 것으로 간주함으로써 가치 탐구 교육의 이론적 토대를 제공한다. 그러나 여기에서는 가치 판단과 을 동일시함으로써 자연론적 오류를 범하고 있다는 비판에 직면한다. 만약 가치 판단과 이 동일하다면, 가치 교육에서 가치 탐구 과정은 평가 대상에 대한 사실 탐구 과정만을 필요로 하게 될 것이다. 그렇지만 과 가치 판단은 엄연히 구분되는 것이며, 가치 판단은 과는 다른 논리 구조를 갖고 있다. 헤어는 가치와 사실 간의 관련성을 인정하고, 그 사이에 가치 원리를 개입시킴으로써 자연론적 오류에서 벗어난다. 그는 가치 판단의 주어와 술어 사이에 경험적 관계뿐만 아니라 가치 원리의 관계까지도 고려한다. 따라서 가치 판단은 과 가치 원리의 두 요소가 동시에 고려되는 논리적 구조를 포함하므로, 가치 교육은 평가 대상에 대한 과 가치 원리를 함께 고려하는 방식이어야 할 것이다.

22. 평가는 규범적 명제를 다루는 가치 판단과 관련된 진술이고, 기술은 사실적 명제를 다루는 과 관련된 진술이다.

23. 이순신 장군은 훌륭하다.

    질서는 지켜야 한다.

    낙태는 해서는 안 된다.

24. 지구는 태양을 돈다.

    쇠붙이는 자석에 붙는다.

여름철에는 비가 자주 온다.

25. 예)

평가 대상	/	평가 용어
이순신 장군은		훌륭하다.

26. 예)

평가 대상	/	특성
지구는		태양을 돈다.

27. 준거는 특성, 비교 종류, 평가 용어로 구성되어 있다. 준거의 특성은 기술에서 나오고, 평가 용어는 평가에서 온다. 예를 들어, '이중으로 되어 있는 유리 창문은 믿을 만하다'라는 준거에서 '이중으로 되어 있는'이란 특성은 '유리 창문이 이중으로 되어 있다'라는 기술에서 나오고, '믿을 만하다'라는 평가 용어는 '유리 창문은 믿을 만하다'라는 평가에서 나온다.

28. (1) <u>기술</u> 한국 자동차는 견고하다.

   <u>준거</u> 견고하게 만든 자동차는 좋다.

   <u>평가</u> 한국 자동차는 좋다.

   (2) <u>준거</u> EQ를 높이는 것은 좋다.

   <u>평가</u> 대화는 EQ를 높이는데 효과적이다.

   <u>기술</u> 대화는 의사소통의 수단이다.

29. 예)

특성	/	비교 종류	/	평가 용어
이중으로 되어 있는		유리 창문은		믿을 만하다.

30. 예) 평가: 유리 창문은 믿을 만하다.

   기술: 유리 창문은 이중으로 되어 있다.

   준거: 이중으로 되어 있는 유리 창문은 믿을 만하다.

31. 평가 대상은 특수 품목이나 종류를 언급하는 것이고, 비교 종류는 보다 일반적인 품목이나 종류를 말한다. 예를 들어, 유리 창문은 평가

대상이고, 문 혹은 창문은 비교 종류이다.

32. 예) 비교 종류: 전투기, 평가 대상: F15 팬텀기.

33. 평가가 단지 하나의 기술과 기준에 의해 지지될 때 그 증거를 준거라 하고, 준거가 하나 이상일 때 그것을 원리라고 한다. 따라서 원리는 준거들 속에 들어 있는 여러 가지 특성을 반영하는 것이다. 즉, 여러 개의 준거들, 예를 들어 '키가 큰 사람이 좋다,' '거짓말을 하지 않는 사람이 좋다,' '부모님께 효도하는 사람이 좋다'와 같은 여러 개의 준거들은 하나의 원리에 의해 결합될 수 있다.

34.

35. ① 모든 사람은 죽는다.

논리적 추론(사실적 명제)		평가적 추론(규범적 명제)
대전제	→	가치 준거(원리)
소전제	→	사실(기술)
결론	→	가치 판단(평가)

② <u>소크라테스는 사람이다.</u>

③ 그러므로, 소크라테스는 죽는다.

36. ① 대전제, ② 준거, ③ 소전제, ④ 기술, ⑤ 결론, ⑥ 평가

37. 준거와 기술

38. (1) 얼굴이 예쁘고 공부를 잘하는 사람은 좋다.

은영이는 얼굴이 예쁘고 공부를 잘한다.

그러므로 은영이는 좋다.

(2) 건강을 해치는 것은 좋지 않다.

청소년 흡연은 건강을 해치는 것이다.

그러므로 청소년 흡연은 좋지 않다.

(3) 어려움에 처한 많은 사람을 도울 수 있는 일은 좋다.

자원 봉사 활동은 어려움에 처한 낯은 사람들을 도울 수 있다.

그러므로 자원 봉사 활동은 좋다.

39. (1) 건강을 해치는 것은 옳지 않다.

약물 남용은 건강을 해치는 행위이다.

따라서 약물 남용은 옳지 않다.

(2) 인권을 침해하는 제도는 철폐해야 한다.

동성동본 금혼 제도는 인권을 침해하는 제도이다.

따라서 동성동본 금혼 제도는 철폐해야 한다.

(3) 신의 영역을 침범해서는 안 된다.

동물 복제는 신의 영역을 침범하는 행위이다.

따라서 동물 복제는 해서는 안 된다.

(4) 능력이 없는 자는 미인을 아내로 맞이할 수 없다.

나는 미인을 아내로 맞이할 수 있다.

따라서 나는 능력이 있다.

(5) 다른 나라의 주권을 침해하는 행위는 옳지 않다.

미국이 우리나라의 소비 절약 운동을 비난하는 것은 다른 나라의
주권을 침해하는 행위이다.

따라서 미국이 우리나라의 소비 절약 운동을 비난하는 것은 옳지
않다.

40. (1) 가치 원리(근거): 굶주린 동포를 구하는 행사는 바람직하다.

사실(근거): 북한 동포를 돕기 위한 모금 행사는 굶주린 동포를
구하는 길이다.

가치 판단: 북한 동포를 돕기 위한 모금 행사는 바람직하다.

(2) 가치 원리(근거): 교통 소통을 원활하게 하는 방안은 바람직하다.

사실(근거): 차량 10부제 운행은 교통 소통을 원활하게 한다.

가치 판단: 차량 10부제 운행은 바람직하다.

(3) 가치 원리(근거): 아이들의 정서 생활에 도움을 주는 것은 좋다.

사실(근거): 아파트에서 애완용 개를 기르는 것은 아이들 정서 생활에 도움을 준다.

가치 판단: 아파트에서 애완용 개를 기르는 것은 좋다.

제III부

1. ① 가치문제를 확인하고 명료화하기, ② 알려진 사실들을 수집하기, ③ 사실들의 참 평가하기, ④ 사실들의 관련성을 명료화하기, ⑤ 잠정적 가치 결정 내리기, ⑥ 가치 결정에 함축되어 있는 가치 원리를 검사하기

2. (1) 보편화 결과 검사

(2) 새로운 사례 검사

(3) 포섭 검사

(4) 새로운 사례 검사

(5) 역할 교환 검사

(6) 보편화 결과 검사

(7) 역할 교환 검사

(8) 포섭 검사

(9) 역할 교환 검사

3. (1) 뇌사자의 장기 적출

(2) 도덕적 관점

(3) 아

(4) 바

(5) 가, 나, 다, 자

(6) 마, 차

(7) 예시 : 많은 사람의 생명을 구하는 것은 좋다.

뇌사자의 장기 적출은 많은 생명을 구할 수 있다.

그러므로 뇌사자의 장기 적출은 좋다.

(8) 네 가지 원리 수용성 검사 중 하나로 적절히 검사

(9) 생략

4. • 평가 대상과 관련된 사실적 정보의 차이

• 가치 준거나 원리의 차이

• 개념 정의의 차이

5. 가치 원리, 사실, 개념(외설)

6. 가치 원리(석호 : 사회 범죄 억제, 철수 : 인간 생명의 존엄성)

7. 생략

참고 문헌

김광수(2002), 『논리와 비판적 사고』, 철학과 현실사.

김득순(1992), 『이야기 속의 논리학』, 새날.

김상배 역(1986), 『현대 윤리학』, 서광사.

김상배(1990), 「현대윤리학에서의 존재와 당위의 문제」, 서울대학교 박사학위논문.

김태길(1984), 『윤리학』, 박영사.

김재식(1997), 「초등도덕과에서의 가치탐구능력신장을 위한 가치분석모형의 적용연구」, 한국교원대학교 박사학위논문.

김태훈(1993), 「도덕 교육을 위한 도덕 판단의 정당화에 관한 연구」, 서울대학교 박사학위 논문.

동아출판사(1982), 『동아 프라임 국어사전』.

문형렬, 하창환(1998), 『재미있는 논리여행』, 김영사.

여훈근(1999), 『현대 논리학』, 민영사.

위기철(1992), 『반갑다, 논리야』, 사계절.

조무남(1982), 「도덕적 지식의 구조 분석」, 『강원대학교 인문학연구』 제17집.

조성민, 정선심(1993),『논리와 가치탐구』, 철학과 현실사.

조성민, 정선심(1997),『토론이 된다, 논술이 된다』, 사계절.

조성민, 정선심(1998),『인성교육과 토론 논술교육』, 대전시지역사회교육협의회.

조용일(1988),『일반논리학』, 동성사.

Ayer, A. J., *Language, Truth and Logic* (New York: Dover, 1946).

Baier, K., *The Moral Point of View* (New York: Random House, 1965).

Carnap, R., *Philosophy and Logical Syntax* (London; Routledge & Kegan Paul, 1935).

Coombs, J. R., "Attainments of the Morally Educated Person," D. B. Cochrane(ed), *Development of Moral Reasoning* (A Division of CBS, Inc., 1980).

Dewey, J., *The Quest for Certainty* (London: Unwin Brothers Press, 1930).

Dewey, J., *Logic, the Theory of Inquiry* (New York: Henry Holt and Company Inc., 1938).

Frankena, W. K., Ethics, 황경식 역(1989),『윤리학』, 종로서적.

Frankena, W. K., "The Naturalistic Fallacy," Theories of Ethics (Oxford University Press, 1967).

Hare, R. M., *The Language of Morals* (London: Oxford University Press, 1952).

Hare, R. M., *Freedom and Reason* (London: Oxford University Press, 1963).

Hersh, R. H. et.al., *Models of Moral Education* (N.Y.: Longman Inc., 1980).

Kenner, G. E., *The Revolution in Ethical Theory* (Oxford University Press, 1966).

Lawler, R., *Philosophical Analysis and Ethics*, Horizon in Philosophy, 1968.

Metcalf, L. E. (ed)., *Values Education: Rationale, Strategies and Procedures,*

National Council for the Social Studies, 1971. 조성민, 정선심 (공역), 『가치교육』, 철학과 현실사, 1992.

Mill, J. S., *Utilitarianism* (The Liberal Art Press, 1863).

Moore, G. E., *Principia Ethica* (Cambridge University Press, 1903).

Peters, R. S., "Classical Theory of Justification," in P. F. Carbone (ed) *Value Theory and Education* (Florida: Robert E. Krieger Publishing Co, 1987).

J. Rachels, 김기순 역(1989), 『도덕 철학』, 서광사.

Sahakian, W. S., *Ethics*, 송휘칠, 황경식 역 (1986), 『윤리학의 이론과 역사』, 박영사.

Singer, M., *Generalization in Ethics*, Eyre and Spottiswoode, 1963.

Stevenson, C. L., *Ethics and Language* (New Haven and London: Yale University Press, 1944).

Taylor, P. W., *Principle of Ethics*, 김영진 역(1985), 『윤리학의 기본 원리』, 서광사.

Warnock, M., *Ethics Since 1900* (Oxford University Press, 1967).

찾아보기